Sous-Vide 2023

De Kunst van het Perfect Bereiden van Gerechten

Marije van der Meer

inhoud

Kippensoep 9
Ui Pomodorosaus 10
Californische peperpuree 11
Jalapeno-kruiden 12
Bouillon 14
Basil Knoflook Rub 16
Balsamicohoning en uiendressing 18
Ketchup 20
Zeevruchten soep 21
Vissoep 22
Aspergedressing met mosterd 23
Groentesoep 25
Edamame Tabasco Knoflook 27
Herby Snow Pea Mash 29
Gebakken salie aardappelpuree 31
Asperges in boter met tijm en kaas 33
Zoute pastinaken met honingglazuur 35
Tomaat roomkaas broodje 37
Maple Bieten Salade Met Cashewnoten En Queso Fresco 39
Paprika met kaas en bloemkool 41
Pompoensoep in de herfst 43
Aardappelsoep Met Selderij En Prei 45
Boerenkoolsalade met citroen en bosbessen 47
Citrus mais met tomatensaus 48

Sesam Tamari Gember Spruitjes	50
Salade van biet en spinazie	52
Groene knoflook met munt	54
Spruitjes in witte wijn	56
Salade van rode biet en geitenkaas	57
Bloemkool-broccolisoep	59
Boterwten met munt	61
Spruitjes in zoete siroop	62
Radijs Met Kruidenkaas	64
Balsamico gestoomde kool	66
gestoofde tomaten	67
Ratatouille	68
Tomatensoep	70
Gestoofde bieten	72
Aubergine lasagne	73
Champignonsoep	75
Vegetarische risotto met Parmezaanse kaas	77
Groene soep	78
Gemengde groentesoep	80
Groente wonton met gerookte paprika	82
Misoschotel met quinoa en selderij	84
Salade van radijs en basilicum	86
paprika mengsel	87
Koriander kurkuma quinoa	88
Witte bonen met oregano	89
Salade van aardappelen en dadels	91
paprika grutten	93

Druiven groentemix	94
Muntschotel van kikkererwten en champignons	95
plantaardige caponata	97
Gestoomde snijbiet met limoen	98
Wortelgroentepuree	99
Kool en paprika in tomatensaus	100
Plaat van linzen en tomaten met mosterd	102
Rijstpilaf met paprika en rozijnen	104
komijn yoghurt soep	106
romige zomerpompoen	108
Chutney van curry, gember en nectarine	110
Gekonfijte aardappelen Rosemary Russet	112
Kerrie peer en kokosroom	113
Gewone broccolipuree	114
Heerlijke pittige dadels en mangosaus	115
zoetzure kippenvleugels	117
Citrus kipfilet	119
Kip gevuld met artisjokken	121
Krokante kip spek wrap	122
Kip met zongedroogde tomaten	123
Groentekip met sojasaus.	125
Chinese Kipsalade Met Hazelnoten	127
Lunch met kip-paprika	129
Kippenstoofpot rozemarijn	130
Krokante kip met champignons	132
Kipschotel met kruiden en courgette	134
Koriander kip met pindakaassaus	136

Stoofpotje van kip en prei 138
kippenpoot met mosterd 140
Kipsalade Met Kaas En Kikkererwten 142
Gelaagde kaaskip 144
Kip op Chinese wijze 146
Kippengehaktballetjes met oregano 148
Kip uit Cornwall beladen met rijst en bessen 150
Chessy kip opgerold 152
Salade van kip en erwtenmunt 154
Pittige kip met champignonroomsaus 156
krokant gebakken kip 158
Groene kipsalade met amandelen 160
Melk kokos kip 162
Kip- en spekschotel in Romeinse stijl 164
Salade van cherrytomaat, avocado en kip 166
chili kip 168
Kippenvleugels met honingsmaak 170
Groene kip met kerrienoedels 172
Avocado Pesto Kip Mini Bites 174
Kipballetjes Met Kaas 176
kalkoen cheeseburger 178
Kalkoen gevuld met bacon en walnoten gewikkeld in ham 180
Kalkoen Caesarsalade Tortilla Roll 183
Cheddarbroodjes uit Turkije 185
Kalkoenfilet met tijm 188
Pesto kalkoen gehaktbalburgers 189
Kalkoenfilet met walnoten 191

Pittige kalkoenschotel 193
Kalkoen in sinaasappelsaus 194
Kalkoenpoot met tijm en rozemarijn 196
Kalkoenfilet met kruidnagel 198
Kalkoenfilet met dille en rozemarijn 199
Geroosterde zoete eend 201
Eendenborst met tijm 203
Oranje ganzenconfituur 205
Garnalenpasta met citroen en kaas 207
Heilbotmiso met zoete sherryglazuur 209
Krokante zalm met een zoete gemberglazuur 211
Citrusvis met kokossaus 213
Gepocheerde schelvis met limoen en peterselie 215
Krokante tilapia met ahornmosterdsaus 217
zwaardvis met mosterd 219
Pittige vistortilla 221

Kippensoep

Bereiding + kooktijd: 12 uur 25 minuten | Porties: 3

Ingrediënten:

2 kilo kip, elk deel: dij, borst
5 kopjes water
2 fijngehakte stengels bleekselderij
2 witte uien, fijngehakt

Titels:

Bereid een waterbad voor, zet de Sous Vide op 194F. Scheid alle ingrediënten in 2 vacuümzakken, vouw de bovenkant van de zak 2-3 keer. Plaats in het waterbad. Stel de timer in op 12 uur.

Als de timer is gestopt, verwijder je de zakjes en doe je de ingrediënten in een kom. Kook de ingrediënten gedurende 10 minuten op hoog vuur. Zet het vuur uit en zeef. Gebruik de bouillon als soepbasis.

Ui Pomodorosaus

Bereiding + kooktijd: 30 minuten | Porties: 4

Ingrediënten

4 kopjes tomaten, gehalveerd en gezaaid

½ ui, gesnipperd

½ theelepel suiker

¼ kopje verse oregano

2 teentjes knoflook, fijngehakt

Zout en zwarte peper naar smaak

5 eetlepels olijfolie

Titels:

Zet een waterbad klaar en plaats de Sous Vide hierin. Ingesteld op 175F. Doe de tomaten, oregano, knoflook, ui en suiker in een hersluitbare zak. Laat de lucht ontsnappen met behulp van de waterverplaatsingsmethode, verzegel en dompel de zak onder in een waterbad. Kook gedurende 15 minuten.

Wanneer de timer is gestopt, verwijdert u de zak en brengt u de inhoud over in een blender en mixt u deze gedurende 1 minuut tot een gladde massa. Werk af met zwarte peper.

Californische peperpuree

Bereiding + kooktijd: 40 minuten | Porties: 4

Ingrediënten:

8 rode paprika's, zonder zaadjes
⅓ kopje olijfolie
2 eetlepels citroensap
3 teentjes knoflook, gehakt
2 theelepels zoete paprika

Titels:

Bereid een waterbad voor, zet de Sous Vide op 183F. Doe de paprika, knoflook en olijfolie in een vacuümzak. Laat de lucht ontsnappen met behulp van de waterverplaatsingsmethode, verzegel en dompel de zakken onder in een waterbad. Stel de timer in op 20 minuten en kook.

Wanneer de timer is gestopt, verwijdert u de zak en opent u deze. Doe de paprika en knoflook in een blender en pureer tot een gladde massa. Plaats de koekenpan op middelhoog vuur; voeg de peperpasta en de andere ingrediënten toe. Kook gedurende 3 minuten. Serveer warm of koud als saus.

Jalapeno-kruiden

Bereiding + kooktijd: 70 minuten | Porties: 6

Ingrediënten:

2 jalapeno pepers

2 groene pepers

2 teentjes knoflook, gehakt

1 ui, alleen gepeld

3 theelepels oreganopoeder

3 theelepels zwarte peperpoeder

2 theelepels rozemarijnpoeder

10 theelepels anijspoeder

Titels

Maak een waterbad klaar, doe de Sous Vide erin en zet hem op 185F. Doe de paprika's en uien in een vacuüm afsluitbare zak. Laat de lucht ontsnappen met behulp van de waterverplaatsingsmethode, verzegel en dompel de zak onder in een waterbad. Zet de timer op 40 minuten.

Wanneer de timer is gestopt, verwijdert u de zak en opent u deze. Doe de paprika en ui in een blender met 2 eetlepels water en pureer tot een gladde massa.

Zet een pan op laag vuur, voeg de peperpasta en de andere ingrediënten toe. Kook op laag vuur gedurende 15 minuten. Zet het vuur uit en laat afkoelen. Bewaar in een kruidenpotje, in de koelkast en gebruik tot 7 dagen. Gebruik het als specerij.

Bouillon

Bereiding + kooktijd: 13 uur 25 minuten | Porties: 6

Ingrediënten:

3 kilo runderbout

1 ½ pond runderbot

1/2 pond rundergehakt

5 kopjes tomatenpuree

6 zoete uien

3 knoflookkoppen

6 eetlepels zwarte peper

5 takjes tijm

4 laurierblaadjes

10 kopjes water

Titels:

Verwarm de oven voor op 425F. Leg de runderbotten en dijen in een braadpan en wrijf in met tomatenpuree. Voeg de knoflook en ui toe. Je legt het opzij, je negeert het. Doe het gehakt in een andere pan en verkruimel het. Plaats de pannen in de oven en bak tot ze goudbruin zijn.

Zodra dit is gebeurd, giet je het vet uit de bakvormen. Bereid een waterbad in een grote pan, plaats Sous Vide en zet op 195F. Scheid het rundergehakt, de geroosterde groenten, de zwarte peper, de tijm en de laurierblaadjes in 3 vacuümzakken. Giet water over de pannen en giet in een zak. Vouw de bovenkant van de zakken 2-3 keer.

Plaats de zakken in het waterbad en bevestig ze aan de Sous Vide-kom. Stel de timer in op 13.00 uur. Als de timer is gestopt, verwijder je de zakjes en doe je de ingrediënten in een kom. Breng de ingrediënten op hoog vuur aan de kook. Kook gedurende 15 minuten. Zet het vuur uit en zeef. Gebruik de bouillon als soepbasis.

Basil Knoflook Rub

Bereiding + kooktijd: 55 minuten | Porties: 15

Ingrediënten:

2 koppen knoflook, gehakt
2 theelepels olijfolie
een snufje zout
1 venkelkrop, fijngehakt
2 citroenen geraspt en geperst
¼ suiker
25 basilicumblaadjes

Titels:

Maak een waterbad klaar, doe de Sous Vide erin en zet hem op 185F. Doe de venkel en de suiker in een vacuüm afsluitbare zak. Laat de lucht ontsnappen met behulp van de waterverplaatsingsmethode, verzegel en dompel de zak onder in een waterbad. Zet de timer op 40 minuten. Wanneer de timer is gestopt, verwijdert u de zak en opent u deze.

Doe de venkel, suiker en andere ingrediënten van de lijst in een blender en pureer tot een gladde massa. Bewaar in een kruidencontainer en kan maximaal een week gekoeld worden gebruikt.

Balsamicohoning en uiendressing

Bereiding + kooktijd: 1 uur 55 minuten | Porties: 1)

Ingrediënten

3 zoete uien, fijngehakt
1 eetlepel boter
Zout en zwarte peper naar smaak
2 eetlepels balsamicoazijn
1 eetlepel honing
2 theelepels verse tijmblaadjes

Titels

Zet een waterbad klaar en plaats de Sous Vide hierin. Ingesteld op 186F.

Verhit een koekenpan op middelhoog vuur met boter. Voeg de ui toe, breng op smaak met zout en peper en bak 10 minuten. Voeg balsamicoazijn toe en kook 1 minuut. Haal van het vuur en giet honing.

Doe het mengsel in een vacuüm afsluitbare zak. Laat de lucht ontsnappen met behulp van de waterverplaatsingsmethode, verzegel en dompel de zak onder in een waterbad. Kook gedurende 90 minuten. Wanneer de timer is gestopt, verwijdert u de zak en legt u deze op een bord. Garneer met verse tijm. Serveer met pizza of sandwiches.

Ketchup

Bereiding + kooktijd: 55 minuten | Porties: 4

Ingrediënten:

1 blik (16 oz) tomaten, geplet
1 kleine witte ui, in blokjes gesneden
1 kopje verse basilicumblaadjes
1 eetlepel olijfolie
1 teentje knoflook, geperst
Zout naar smaak
1 laurierblad
1 rode peper

Titels:

Maak een waterbad klaar, doe de Sous Vide erin en zet hem op 185F. Plaats alle vermelde ingrediënten in een vacuüm afsluitbare zak. Laat de lucht ontsnappen met behulp van de waterverplaatsingsmethode, verzegel en dompel de zak onder in een waterbad. Zet de timer op 40 minuten. Wanneer de timer is gestopt, verwijdert u de zak en opent u deze. Gooi het laurierblad weg, doe de overige ingrediënten in een blender en pureer tot een gladde massa. Serveer als bijgerecht.

Zeevruchten soep

Bereiding + kooktijd: 10 uur 10 minuten | Porties: 6

Ingrediënten:

1 pond garnalenschalen, koppen en staarten erop

3 kopjes water

1 eetlepel olijfolie

2 theelepels zout

2 takjes rozemarijn

½ kop geplette knoflook

½ kopje gehakte selderieblaadjes

Titels:

Maak een waterbad klaar, doe de Sous Vide erin en zet hem op 180F. Meng de garnalen met olijfolie. Doe de garnalen uit de lijst bij de overige ingrediënten in een vacuüm afsluitbare zak. Laat de lucht ontsnappen, sluit af en dompel de zak onder in het waterbad en stel de timer in op 10 uur.

Vissoep

Bereiding + kooktijd: 10 uur 15 minuten | Porties: 4

Ingrediënten:

5 kopjes water

½ kilo visfilet, vel

1 kilo vissenkop

5 middelgrote groene uien

3 zoete uien

¼ pond zwarte algen (Kombu)

Titels:

Bereid een waterbad voor, zet het op Sous Vide en zet het op 194F. Scheid alle vermelde ingrediënten gelijkmatig in 2 vacuümzakken, vouw de bovenkant van de zak twee keer om. Leg ze in het waterbad en bevestig ze aan de sous vide schaal. Zet de timer op 10 uur.

Als de timer is gestopt, verwijder je de zakjes en doe je de ingrediënten in een kom. Kook de ingrediënten 5 minuten op hoog vuur. Zet het vuur uit en zeef. Zet het in de koelkast en het is maximaal 14 dagen houdbaar.

Aspergedressing met mosterd

Bereiding + kooktijd: 30 minuten | Porties: 2

Ingrediënten

1 bos grote asperges

Zout en zwarte peper naar smaak

¼ kopje olijfolie

1 theelepel Dijon-mosterd

1 theelepel dille

1 theelepel rode wijnazijn

1 hardgekookt ei, gehakt

gehakte verse peterselie

Titels

Zet een waterbad klaar en plaats de Sous Vide hierin. Ingesteld op 186F.

Snijd de onderkant van de asperges af en gooi ze weg.

Trek de onderkant van de steel eraf en stop deze in een vacuüm afsluitbare zak. Laat de lucht ontsnappen met behulp van de waterverplaatsingsmethode, verzegel en dompel de zak onder in een waterbad. Kook gedurende 15 minuten.

Wanneer de timer is gestopt, verwijdert u de zak en brengt u deze over in een ijsbad. Scheid de kooksappen. Meng in een kom de olijfolie, azijn en mosterd voor de vinaigrette; Meng goed. Breng op smaak met zout en doe in een glazen bak. Sluit af en schud goed. Werk af met peterselie, ei en vinaigrette.

Groentesoep

Bereiding + kooktijd: 12 uur 35 minuten | Porties: 10)

Ingrediënten:

1 ½ kopje knolselderij, in blokjes gesneden

1 ½ kopje prei, in blokjes gesneden

½ kopje venkel, in blokjes gesneden

4 teentjes knoflook, gehakt

1 eetlepel olijfolie

6 kopjes water

1 ½ kopje champignons

½ kopje gehakte peterselie

1 eetlepel zwarte peperkorrels

1 laurierblad

Titels:

Maak een waterbad klaar, doe de Sous Vide erin en zet hem op 180F. Verwarm de oven voor op 450F. Doe de prei, bleekselderij, venkel, knoflook en olijfolie in een kom. Gooi ze weg. Breng over naar een bakplaat en bak in de oven. Bak gedurende 20 minuten.

Doe de geroosterde groenten met sap, water, peterselie, peper, champignons en laurierblaadjes in een vacumeerzak. Laat de lucht ontsnappen, sluit af en dompel de zak onder in een waterbad en stel de timer in op 12 uur. Bedek de kom van het waterbad met plasticfolie om verdamping te verminderen en laat water in het bad lopen om de groenten te bedekken.

Wanneer de timer is gestopt, verwijdert u de zak en opent u deze. Filter de ingrediënten. Laat afkoelen en gebruik ingevroren maximaal 1 maand.

Wanneer de timer is gestopt, verwijdert u de zak en opent u deze. Filter de ingrediënten. Laat afkoelen en gebruik bevroren voor maximaal 2 weken.

Edamame Tabasco Knoflook

Bereiding + kooktijd: 1 uur 6 minuten | Porties: 4

Ingrediënten

1 eetlepel olijfolie
4 kopjes verse edamame-peulen
1 theelepel zout
1 teentje gehakte knoflook
1 eetlepel rode pepervlokken
1 eetlepel Tabasco-saus

Titels

Zet een waterbad klaar en plaats de Sous Vide hierin. Ingesteld op 186F.

Verhit een pan met water op hoog vuur en blancheer de edamame-potten gedurende 60 seconden. Filter en plaats in een ijswaterbad. Meng de knoflook, rode pepervlokken, tabascosaus en olijfolie.

Doe de edamame in een vacuüm afsluitbare zak. Giet de Tabasco-saus. Laat de lucht ontsnappen met behulp van de waterverplaatsingsmethode, verzegel en dompel de zak onder in een waterbad. Kook gedurende 1 uur. Als de timer is gestopt, verwijder je de zak, doe je het in een kom en serveer.

Herby Snow Pea Mash

Bereiding + kooktijd: 55 minuten | Porties: 6

Ingrediënten

½ kopje groentebouillon

1 pond verse erwten

Zest van 1 citroen

2 eetlepels gehakte verse basilicum

1 eetlepel olijfolie

Zout en zwarte peper naar smaak

2 eetlepels gehakte verse bieslook

2 eetlepels gehakte verse peterselie

¾ theelepel knoflookpoeder

Titels

Zet een waterbad klaar en plaats de Sous Vide hierin. Ingesteld op 186F.

Doe de erwten, citroenschil, basilicum, olijfolie, zwarte peper, bieslook, peterselie, zout en knoflookpoeder bij elkaar en doe in een vacuümzak. Laat de lucht ontsnappen met behulp van de waterverplaatsingsmethode, verzegel en dompel de zak onder in een waterbad. Kook gedurende 45 minuten. Wanneer de timer is gestopt, verwijdert u de zak, brengt u deze over in een blender en mengt u goed.

Gebakken salie aardappelpuree

Bereiding + kooktijd: 1 uur 35 minuten | Porties: 6

Ingrediënten

¼ kopje boter

12 zoete aardappelen, ongeschild

10 teentjes fijngehakte knoflook

4 theelepels zout

6 eetlepels olijfolie

5 takjes verse salie

1 eetlepel paprikapoeder

Titels

Zet een waterbad klaar en plaats de Sous Vide hierin. Ingesteld op 192F.

Meng de aardappelen, knoflook, zout, olijfolie en 2-3 takjes tijm en doe in een vacuümzak. Laat de lucht ontsnappen met behulp van de waterverplaatsingsmethode, verzegel en dompel de zak onder in een waterbad. Kook gedurende 1 uur en 15 minuten.

Verwarm de oven voor op 450F. Nadat de timer stopt, verwijdert u de aardappelen en brengt u ze over in een kom. Scheid de kooksappen.

Meng de aardappelen goed met de boter en andere bronnen van salie. Breng over naar een bakplaat die eerder is bekleed met aluminiumfolie. Maak een kuiltje in het midden van de aardappel en giet het kookvocht erin. Bak de aardappelen 10 minuten en draai ze na 5 minuten om. Gooi de salie weg. Leg op een bord en serveer bestrooid met paprikapoeder.

Asperges in boter met tijm en kaas

Bereiding + kooktijd: 21 minuten | Porties: 6

Ingrediënten

¼ kopje geraspte Pecorino Romano-kaas

16 oz verse asperges, gehakt

4 eetlepels boter, in blokjes

Zout naar smaak

1 teentje gehakte knoflook

1 eetlepel tijm

Titels

Zet een waterbad klaar en plaats de Sous Vide hierin. Ingesteld op 186F.

Doe de asperges in een vacumeerzak. Voeg de boterblokjes, knoflook, zout en tijm toe. Laat de lucht ontsnappen met behulp van de waterverplaatsingsmethode, verzegel en dompel de zak onder in een waterbad. Kook gedurende 14 minuten.

Als de timer is gestopt, verwijder je de zak en leg je de asperges op een bord. Besprenkel met wat kookvocht. Garneer met Pecorino Romano-kaas.

Zoute pastinaken met honingglazuur

Bereiding + kooktijd: 1 uur 8 minuten | Porties: 4

Ingrediënten

500 g pastinaken, geschild en in stukjes gesneden

3 eetlepels boter

2 eetlepels honing

1 theelepel olijfolie

Zout en zwarte peper naar smaak

1 eetlepel gehakte verse peterselie

Titels

Zet een waterbad klaar en plaats de Sous Vide hierin. Ingesteld op 186F.

Doe de pastinaken, boter, honing, olijfolie, zout en peper in een vacuüm afgesloten zak. Laat de lucht ontsnappen met behulp van de waterverplaatsingsmethode, verzegel en dompel de zak onder in een waterbad. Kook gedurende 1 uur.

Verhit een pan op middelhoog vuur. Wanneer de timer is gestopt, verwijdert u de zak en giet u de inhoud in de pan en kookt u gedurende 2 minuten tot de vloeistof glazig is. Voeg de peterselie toe en meng snel. Deelnemen.

Tomaat roomkaas broodje

Bereiding + kooktijd: 55 minuten | Porties: 8)

Ingrediënten

½ kopje roomkaas

2 kilo tomaten in plakjes gesneden

Zout en zwarte peper naar smaak

2 eetlepels olijfolie

2 teentjes knoflook, fijngehakt

½ theelepel gehakte verse salie

⅛ theelepel rode pepervlokken

½ theelepel witte wijnazijn

2 eetlepels boter

4 sneetjes brood

2 plakjes halloumi-kaas

Titels

Zet een waterbad klaar en plaats de Sous Vide hierin. Doe de tomaten in een zeef boven een kom en breng op smaak met zout. Goed mengen. Laat 30 minuten afkoelen. Gooi de sappen weg. Meng de olijfolie, knoflook, salie, zwarte peper, zout en pepervlokken.

Doe in een vacuüm afsluitbare zak. Laat de lucht ontsnappen met behulp van de waterverplaatsingsmethode, verzegel en dompel de zak onder in een waterbad. Kook gedurende 40 minuten.

Zodra de timer is gestopt, verwijdert u de zak en doet u deze in een blender. Voeg de azijn en roomkaas toe. Meng tot een gladde massa. Leg op een bord en voeg eventueel zout en peper toe.

Om de kaasstengels te maken: Verhit een pan op middelhoog vuur. Smeer de sneetjes brood in met boter en leg ze op de bakplaat. Leg de plakjes kaas op het brood en leg op een ander beboterd brood. Bak gedurende 1-2 minuten. Herhaal met het resterende brood. Snijd in blokjes. Serveer over hete soep.

Maple Bieten Salade Met Cashewnoten En Queso Fresco

Bereiding + kooktijd: 1 uur 35 minuten | Porties: 8)

Ingrediënten

6 grote bieten, geschild en in blokjes gesneden

Zout en zwarte peper naar smaak

3 eetlepels ahornsiroop

2 eetlepels boter

Schil van 1 grote sinaasappel

1 eetlepel olijfolie

½ theelepel cayennepeper

1½ kopje cashewnoten

6 kopjes rucola

3 mandarijnen, geschild en in plakjes gesneden

1 kopje verkruimelde verse kaas

Titels

Zet een waterbad klaar en plaats de Sous Vide hierin. Ingesteld op 186F.

Doe de stukjes wortel in een vacuüm afsluitbare zak. Kruid met peper en zout. Voeg 2 eetlepels ahornsiroop, boter en sinaasappelschil toe. Laat de lucht ontsnappen met behulp van de waterverplaatsingsmethode, verzegel en dompel de zak onder in een waterbad. Kook gedurende 1 uur en 15 minuten.

Verwarm de oven voor op 350F.

Roer de resterende ahornsiroop, olijfolie, zout en cayennepeper erdoor. Voeg de cashewnoten toe en meng goed. Plaats het cashewnotenmengsel op een bakplaat die eerder is bekleed met peperwas en bak gedurende 10 minuten. Zet opzij en laat afkoelen.

Als de timer is gestopt, verwijder je de bieten en gooi je het kookvocht weg. Leg rucola op een serveerschaal, rode biet en mandarijnschijfjes rondom. De top wordt geserveerd met een mengsel van queso fresco en cashewnoten.

Paprika met kaas en bloemkool

Bereiding + kooktijd: 52 minuten | Porties: 5

Ingrediënten

½ kopje geraspte provolonekaas

1 bloemkool, snij de roosjes eraf

2 teentjes knoflook, fijngehakt

Zout en zwarte peper naar smaak

2 eetlepels boter

1 eetlepel olijfolie

½ grote rode paprika, in reepjes gesneden

½ grote gele paprika, in reepjes gesneden

½ grote oranje paprika, in reepjes gesneden

Titels

Zet een waterbad klaar en plaats de Sous Vide hierin. Ingesteld op 186F.

Meng de bloemkoolroosjes, 1 teentje knoflook, zout, peper, half boter en half olijfolie goed door elkaar.

Meng in een andere kom de paprika, de resterende knoflook, het resterende zout, de peper, de resterende boter en de resterende olijfolie.

Doe de bloemkool in een vacuüm afsluitbare zak. Doe de paprika's in een andere vacumeerzak. Laat de lucht ontsnappen met behulp van de waterverplaatsingsmethode, verzegel en dompel de zakken onder in een waterbad. Kook gedurende 40 minuten.

Als de timer is gestopt, verwijder je de zakjes en doe je de inhoud in een kom. Gooi het kookvocht weg. Meng de groenten en besprenkel met provolonekaas.

Pompoensoep in de herfst

Bereiding + kooktijd: 2 uur 20 minuten | Porties: 6

Ingrediënten

¾ kopje slagroom

1 herfstpompoen in kleine stukjes gesneden

1 grote peer

½ gele ui, in blokjes gesneden

3 takjes verse tijm

1 teentje gehakte knoflook

1 theelepel gemalen komijn

Zout en zwarte peper naar smaak

4 eetlepels verse room

Titels

Zet een waterbad klaar en plaats de Sous Vide hierin. Ingesteld op 186F.

Meng pompoen, peer, ui, tijm, knoflook, komijn en zout. Doe in een vacuüm afsluitbare zak. Laat de lucht ontsnappen met behulp van de waterverplaatsingsmethode, sluit het af en dompel het onder in een waterbad. Kook gedurende 2 uur.

Als de timer is gestopt, verwijder je de zak en doe je de hele inhoud in een blender. Pureer tot een gladde massa. Voeg de room toe en meng goed. Kruid met peper en zout. Giet het mengsel in serveerschalen en bestrijk met een beetje room. Garneer met stukjes peer.

Aardappelsoep Met Selderij En Prei

Bereiding + kooktijd: 2 uur 15 minuten | Porties: 8)

Ingrediënten

8 eetlepels boter

4 rode aardappelen, in plakjes

1 gele ui, in stukjes van ¼ inch gesneden

1 stengel bleekselderij, in stukjes van een halve centimeter gesneden

4 kopjes ½-inch in blokjes gesneden prei, alleen witte delen

1 kop groentesoep

1 fijngehakte wortel

4 teentjes knoflook, gehakt

2 laurierblaadjes

Zout en zwarte peper naar smaak

2 kopjes slagroom

¼ kopje gehakte verse bieslook

Titels

Zet een waterbad klaar en plaats de Sous Vide hierin. Ingesteld op 186F.

Doe de aardappelen, wortelen, uien, selderij, prei, groentebouillon, boter, knoflook en laurierblaadjes in een hersluitbare zak. Laat de lucht ontsnappen met behulp van de waterverplaatsingsmethode, verzegel en dompel de zak onder in een waterbad. Kook gedurende 2 uur.

Zodra de timer is gestopt, verwijdert u de zak en doet u deze in een blender. Gooi de laurierblaadjes weg. Meng de inhoud, breng op smaak met zout en peper. Voeg langzaam de room toe en mix tot een gladde massa in 2-3 minuten. Giet de inhoud af en garneer met bieslook voor het opdienen.

Boerenkoolsalade met citroen en bosbessen

Bereiding + kooktijd: 15 minuten | Porties: 6

Ingrediënten

6 kopjes verse boerenkool, stelen verwijderd

6 eetlepels olijfolie

2 teentjes knoflook, gehakt

4 eetlepels citroensap

½ theelepel zout

¾ kopje gedroogde veenbessen

Titels

Zet een waterbad klaar en plaats de Sous Vide hierin. Ingesteld op 196F. Meng de kruiden met 2 eetlepels olijfolie. Doe in een vacuüm afsluitbare zak. Laat de lucht ontsnappen met behulp van de waterverplaatsingsmethode, verzegel en dompel de zak onder in een waterbad. Kook gedurende 8 minuten.

Roer de resterende olijfolie, knoflook, citroensap en zout erdoor. Als de timer is gestopt, verwijder je de koolbladeren en leg je ze op een bord. Besprenkel met dressing. Garneer met bosbessen.

Citrus mais met tomatensaus

Bereiding + kooktijd: 55 minuten | Porties: 8)

Ingrediënten

⅓ kopje olijfolie

4 aren gele mais, gepeld

Zout en zwarte peper naar smaak

1 grote tomaat, in stukjes

3 eetlepels citroensap

2 teentjes knoflook, fijngehakt

1 serrano chili, zonder zaadjes

4 sjalotten, alleen de groene delen, fijngehakt

½ bosje verse korianderblaadjes, fijngehakt

Titels

Zet een waterbad klaar en plaats de Sous Vide hierin. Ingesteld op 186F. Meng de korrels met olijfolie en breng op smaak met zout en peper. Doe ze in een vacuümzak. Laat de lucht ontsnappen met behulp van de waterverplaatsingsmethode, verzegel en dompel de zak onder in een waterbad. Kook gedurende 45 minuten.

Meng ondertussen in een kom de tomaten, citroensap, knoflook, serranopeper, lente-uitjes, koriander en resterende olijfolie tot alles goed gemengd is. Verwarm een grill voor op hoog vuur.

Wanneer de timer is gestopt, verwijdert u de pens, legt u deze op de grill en kookt u gedurende 2-3 minuten. Laat het afkoelen. Snijd de korrels van de kolf en meng met tomatensaus. Serveer met vis, salade of tortillachips.

Sesam Tamari Gember Spruitjes

Bereiding + kooktijd: 43 minuten | Porties: 6

Ingrediënten

1½ pond spruitjes, gehalveerd

2 teentjes knoflook, fijngehakt

2 eetlepels plantaardige olie

1 eetlepel tamarisaus

1 theelepel geraspte gember

¼ theelepel rode pepervlokken

¼ theelepel geroosterde sesamolie

1 eetlepel sesamzaadjes

Titels

Zet een waterbad klaar en plaats de Sous Vide hierin. Ingesteld op 186F. Verhit een pan op middelhoog vuur en combineer de knoflook, plantaardige olie, tamarisaus, gember en rode pepervlokken. Kook gedurende 4-5 minuten. Je legt het opzij, je negeert het.

Doe de spruitjes in een hersluitbare zak en giet het tamarimengsel erbij. Laat de lucht ontsnappen met behulp van de waterverplaatsingsmethode, verzegel en dompel de zak onder in een waterbad. Kook gedurende 30 minuten.

Als de timer is gestopt, haal je de zak eruit en veeg je hem droog met een theedoek. Bewaar de kooksappen. Doe de spruitjes in een kom en meng met de sesamolie. Schik de spruitjes op een bord en besprenkel met het kookvocht. Versier met sesamzaadjes.

Salade van biet en spinazie

Bereiding + kooktijd: 2 uur 25 minuten | Porties: 3

Ingrediënten:

1 ¼ kopje bieten, bijgesneden en in kleine stukjes gesneden

1 kopje gehakte verse spinazie

2 eetlepels olijfolie

1 eetlepel vers geperst citroensap

1 theelepel balsamicoazijn

2 teentjes knoflook, gehakt

1 eetlepel boter

Zout en zwarte peper naar smaak

Titels:

Spoel en maak de bieten goed schoon. Snijd in kleine stukjes en doe ze in een hersluitbare zak met de boter en geplette knoflook. Kook in Sous Vide gedurende 2 uur op 185F. Laat het afkoelen.

Breng een grote pan water aan de kook en voeg de spinazie toe. Laat een minuut koken en haal dan van het vuur. Laat goed uitlekken. Breng over naar een vacuüm afsluitbare zak en kook Sous Vide gedurende 10 minuten op 180F. Haal uit het waterbad en laat volledig afkoelen. Doe in een grote kom en voeg de gekookte bietjes toe. Kruid met peper, zout, azijn, olijfolie en citroensap. Serveer onmiddellijk.

Groene knoflook met munt

Bereiding + kooktijd: 30 minuten | Porties: 2

Ingrediënten:

½ kopje verse radicchio, gehakt

½ kopje wilde asperges, gehakt

½ kopje snijbiet, gehakt

¼ kopje gehakte verse munt

¼ kopje rucola, gehakt

2 teentjes knoflook, fijngehakt

½ theelepel zout

4 eetlepels vers geperst citroensap

2 eetlepels olijfolie

Titels:

Vul een grote pan met gezouten water en voeg de groenten toe. Kook gedurende 3 minuten. Haal eruit en laat uitlekken. Druk voorzichtig met je handen en snijd de groenten met een scherp mes. Breng over naar een grote vacuüm afsluitbare zak en kook Sous Vide gedurende 10 minuten op 162F. Haal uit het waterbad en zet opzij.

Verhit de olijfolie op middelhoog vuur in een grote pan. Voeg de knoflook toe en bak 1 minuut mee. Voeg de groenten toe en breng op smaak met zout. Besprenkel met vers citroensap en serveer.

Spruitjes in witte wijn

Bereiding + kooktijd: 35 minuten | Porties: 4

Ingrediënten:

1 kilo spruitjes, gehakt
½ kopje extra vergine olijfolie
½ kopje witte wijn
Zout en zwarte peper naar smaak
2 eetlepels verse peterselie, fijngehakt
2 teentjes knoflook, gehakt

Titels:

Doe de spruitjes in een grote hersluitbare zak met drie eetlepels olijfolie. Kook in Sous Vide gedurende 15 minuten op 180F. Haal het uit de zak.

Verhit de resterende olijfolie in een grote pan met antiaanbaklaag. Voeg spruitjes, geperste knoflook, zout en peper toe. Grill kort, schud de pan een paar keer, tot alle kanten lichtbruin zijn. Voeg de wijn toe en breng aan de kook. Meng goed en haal van het vuur. Bestrooi de bovenkant met fijngehakte peterselie en serveer.

Salade van rode biet en geitenkaas

Bereiding + kooktijd: 2 uur 20 minuten | Porties: 3

Ingrediënten:

1 kilo bieten, in plakjes gesneden

½ kopje geblancheerde amandelen

2 eetlepels hazelnoten zonder vel

2 theelepels olijfolie

1 teentje knoflook fijngehakt

1 theelepel komijnpoeder

1 theelepel citroenschil

Zout naar smaak

½ kopje geitenkaas, verkruimeld

verse muntblaadjes voor decoratie

<u>Verband:</u>

2 eetlepels olijfolie

1 eetlepel appelazijn

Titels:

Bereid een waterbad voor, plaats Sous Vide en zet op 183F.

Doe de bieten in een vacuüm afsluitbare zak. Laat de lucht ontsnappen met behulp van de waterverplaatsingsmethode, verzegel en dompel de zak onder in een waterbad en stel de timer in op 2 uur. Wanneer de timer is gestopt, verwijdert u de zak en opent u deze. Zet de wortels opzij.

Zet een pan op middelhoog vuur, voeg de amandelen en hazelnoten toe en rooster 3 minuten. Op een snijplank leggen en hakken. Voeg olie toe aan dezelfde pan, voeg knoflook en komijn toe. Kook gedurende 30 seconden. Doof het vuur. Voeg de geitenkaas, het amandelmengsel, de citroenrasp en het knoflookmengsel toe aan een kom. Mengen. Meng de olijfolie en azijn en zet opzij. Serveer als bijgerecht.

Bloemkool-broccolisoep

Bereiding + kooktijd: 70 minuten | Porties: 2

Ingrediënten:

1 middelgrote bloemkool in kleine roosjes gesneden
½ pond broccoli, in kleine roosjes gesneden
1 groene paprika, fijngesneden
1 ui in blokjes
1 theelepel olijfolie
1 teentje knoflook, geperst
½ kopje groentebouillon
½ kopje magere melk

Titels:

Maak een waterbad klaar, doe de Sous Vide erin en zet hem op 185F.

Doe de bloemkool, broccoli, paprika en witte ui in een hersluitbare zak en giet er olijfolie in. Laat de lucht ontsnappen met behulp van de waterverplaatsingsmethode en sluit de zak. Dompel de zak onder in een waterbad. Stel de timer in op 50 minuten en kook.

Wanneer de timer is gestopt, verwijdert u de zak en opent u deze. Doe de groenten in een blender, voeg de knoflook en melk toe en pureer tot een gladde massa.

Zet een pan op middelhoog vuur, voeg de groentepuree en het groentesap toe en laat 3 minuten sudderen. Kruid met peper en zout. Serveer warm als bijgerecht.

Boterwten met munt

Bereiding + kooktijd: 25 minuten | Porties: 2

Ingrediënten:

1 eetlepel boter

½ kopje erwten

1 eetlepel gehakte muntblaadjes

een snufje zout

Suiker naar smaak

Titels:

Bereid een waterbad voor, zet de Sous Vide op 183F. Doe alle ingrediënten in een vacuüm afsluitbare zak. Laat de lucht ontsnappen met behulp van de waterverplaatsingsmethode, sluit het af en dompel het onder in het bad. Kook gedurende 15 minuten.

Wanneer de timer is gestopt, verwijdert u de zak en opent u deze. Doe de ingrediënten op een bord. Serveer als kruiderij.

Spruitjes in zoete siroop

Bereiding + kooktijd: 75 minuten | Porties: 3

Ingrediënten:

4 kilo spruitjes, gehalveerd

3 eetlepels olijfolie

¾ kopje vissaus

3 eetlepels water

2 eetlepels suiker

1 ½ eetlepel rijstazijn

2 theelepels limoensap

3 rode pepers, in dunne plakjes gesneden

2 teentjes knoflook, fijngehakt

Titels:

Maak een waterbad klaar, doe de Sous Vide erin en zet hem op 183F. Giet de spruitjes, het zout en de olie in een vacuüm afsluitbare zak, laat de lucht ontsnappen met behulp van de waterverplaatsingsmethode, sluit de zak en dompel de zak onder in het waterbad. . Zet de timer op 50 minuten.

Wanneer de timer is gestopt, verwijdert u de zak, opent u de verzegeling en brengt u de spruitjes over naar een met folie beklede bakplaat. Verwarm een grill voor op hoog vuur, plaats de bakplaat erop en bak 6 minuten. Giet de spruitjes in een kom.

Maak de saus: doe de andere vermelde kookingrediënten in een kom en meng. Voeg de saus toe aan de spruitjes en meng gelijkmatig. Serveer als bijgerecht.

Radijs Met Kruidenkaas

Bereiding + kooktijd: 1 uur 15 minuten | Porties: 3

Ingrediënten:

250 gram geitenkaas

4 ons roomkaas

¼ kopje rode paprika, gehakt

3 eetlepels pesto

3 theelepels citroensap

2 eetlepels peterselie

2 teentjes knoflook

9 grote radijzen, in plakjes

Titels:

Bereid een waterbad voor, zet de Sous Vide op 181F. Doe de plakjes radijs in een vacuüm afsluitbare zak, laat lucht ontsnappen en sluit af. Dompel de zak onder in een waterbad en stel de timer in op 1 uur.

Meng de overige ingrediënten uit de lijst in een kom en giet in een zak. Je legt het opzij, je negeert het. Wanneer de timer is gestopt, verwijdert u de zak en opent u deze. Schik de plakjes radijs op een bord en schep het kaasmengsel over elk plakje. Serveer als tussendoortje.

Balsamico gestoomde kool

Bereiding + kooktijd: 1 uur 45 minuten | Porties: 3

Ingrediënten:

1 kilo rode kool, in vieren gesneden en ontpit
1 sjalot, dun gesneden
2 teentjes knoflook, dun gesneden
½ eetlepel balsamicoazijn
½ eetlepel ongezouten boter
Zout naar smaak

Titels:

Maak een waterbad klaar, doe de Sous Vide erin en zet hem op 185F. Verdeel de kool en overige ingrediënten over 2 vacuüm afsluitbare zakken. Gebruik de waterverplaatsingsmethode om de lucht te laten ontsnappen en de zakken te verzegelen. Dompel ze onder in een waterbad en stel de timer in op 1 uur en 30 minuten.

Wanneer de timer is gestopt, verwijdert u de zakken en opent u ze. Leg de kool met het sap op de serveerschalen. Breng op smaak met zout en azijn. Serveer als bijgerecht.

gestoofde tomaten

Bereiding + kooktijd: 45 minuten | Porties: 3

Ingrediënten:

4 kopjes cherrytomaatjes
5 eetlepels olijfolie
½ eetlepel verse rozemarijnblaadjes, gehakt
½ eetlepel verse tijmblaadjes, gehakt
Zout en zwarte peper naar smaak

Titels:

Maak een waterbad klaar, doe de Sous Vide erin en zet hem op 131F. Verdeel de genoemde ingrediënten over 2 vacuüm afsluitbare zakken, breng op smaak met zout en peper. Gebruik de waterverplaatsingsmethode om de lucht te laten ontsnappen en de zakken te verzegelen. Dompel ze onder in een waterbad en stel de timer in op 30 minuten.

Wanneer de timer is gestopt, verwijdert u de zakken en opent u ze. Doe de tomaten met hun sap in een kom. Serveer als bijgerecht.

Ratatouille

Bereiding + kooktijd: 2 uur 10 minuten | Porties: 3

Ingrediënten:

2 in plakjes gesneden courgette

2 tomaten, in stukjes

2 rode paprika's, ontpit en in blokjes van 2 cm gesneden

1 kleine aubergine, in plakjes

1 ui, in blokjes van 1 inch gesneden

Zout naar smaak

½ rode pepervlokken

8 teentjes knoflook, gehakt

2 en een halve eetlepel olijfolie

5 strengen + 2 strengen basilicumblaadjes

Titels:

Bereid een waterbad voor, zet de Sous Vide op 185F. Doe tomaten, courgette, ui, paprika en aubergine in 5 aparte vacumeerzakken. Voeg knoflook, basilicumblaadjes en 1 eetlepel olijfolie toe aan elke zak. Laat de lucht ontsnappen met behulp van de waterverplaatsingsmethode, verzegel en dompel de zakken onder in een waterbad en stel de timer in op 20 minuten.

Als de timer is gestopt, verwijder je de zak tomaten. Je legt het opzij, je negeert het. Zet de timer terug op 30 minuten. Als de timer is gestopt, haal je de zakjes met de courgette en rode paprika eruit. Je legt het opzij, je negeert het. Zet de timer terug op 1 uur.

Als de timer is gestopt, verwijder je de overgebleven zakjes en gooi je de knoflook en basilicumblaadjes weg. Doe de tomaten in een kom en prak ze lichtjes met een lepel. Snijd de resterende groenten in stukjes en voeg ze toe aan de tomaten. Breng op smaak met zout, rode peper, resterende olijfolie en basilicum. Serveer als bijgerecht.

Tomatensoep

Bereiding + kooktijd: 60 minuten | Porties: 3

Ingrediënten:

2 kilo tomaten, gehalveerd
1 ui in blokjes
1 takje fijngesneden bleekselderij
3 eetlepels olijfolie
1 eetlepel tomatenpuree
een snufje suiker
1 laurierblad

Titels:

Maak een waterbad klaar, doe de Sous Vide erin en zet hem op 185F. Doe alle vermelde ingrediënten behalve het zout in een kom en meng. Doe ze in een vacuüm afsluitbare zak. Laat de lucht ontsnappen met behulp van de waterverplaatsingsmethode, verzegel en dompel de zak onder in een waterbad. Zet de timer op 40 minuten.

Wanneer de timer is gestopt, verwijdert u de zak en opent u deze. Mix de ingrediënten met een blender. Giet de vloeibaar gemaakte tomaten in een pan en laat deze op middelhoog vuur staan. Voeg zout toe en kook gedurende 10 minuten. Serveer de soep in kommen en laat afkoelen. Serveer warm met koolhydraatarm brood.

Gestoofde bieten

Bereiding + kooktijd: 1 uur 15 minuten | Porties: 3

Ingrediënten:

2 bieten, geschild en in 1 cm gesneden

⅓ kopje balsamicoazijn

½ theelepel olijfolie

⅓ kopje geroosterde walnoten

⅓ kopje Grana Padano-kaas, geraspt

Zout en zwarte peper naar smaak

Titels:

Bereid een waterbad voor, zet de Sous Vide op 183F. Doe de wortels, azijn en zout in een vacuüm afsluitbare zak. Laat de lucht ontsnappen met behulp van de waterverplaatsingsmethode, verzegel en dompel de zak onder in een waterbad. Zet de timer op 1 uur.

Wanneer de timer is gestopt, verwijdert u de zak en opent u deze. Doe de bieten in een kom, voeg de olijfolie toe en meng. Strooi de noten en kaas erover. Serveer als bijgerecht.

Aubergine lasagne

Bereiding + kooktijd: 3 uur | Porties: 3

Ingrediënten:

1 kilo aubergine, geschild en in dunne plakjes gesneden
1 theelepel zout
1 kopje tomatensaus, verdeeld in 3 delen
2 dl verse mozzarella, in dunne plakjes
1 ons geraspte Parmezaanse kaas
2 oz Italiaanse melangekaas, geraspt
3 eetlepels gehakte verse basilicum

Supplement:

½ eetlepel macadamianoten, geroosterd en gehakt
1 ons geraspte Parmezaanse kaas
1 ounce Italiaanse melange kaas, geraspt

Titels:

Bereid een waterbad voor, zet de Sous Vide op 183F. Kruid de aubergine met zout. Leg een vacuümafsluitbare zak op zijn kant, bedek de helft van de aubergine, besmeer met een klodder tomatensaus, bedek met mozzarella, dan parmezaanse kaas, dan kaasmengsel en basilicum. Bestrijk de bovenkant met de tweede portie tomatensaus.

Sluit de zak zorgvuldig af met behulp van de waterverdringingsmethode, bij voorkeur plat houdend. Dompel de zak onder in het waterbad. Stel de timer in op 2 uur en kook. Ventileer de eerste 30 minuten 2-3 keer, aangezien de aubergine gas afgeeft tijdens het koken.

Wanneer de timer stopt, verwijdert u voorzichtig de zak en prikt u met een naald in een hoek van de zak om de vloeistof uit de zak te laten lopen. Leg de zak op een bord, snij de bovenkant eraf en schuif de lasagne voorzichtig op het bord. Top met de overgebleven tomatensaus, macadamianoten, kaasmengsel en Parmezaanse kaas. Smelt de kaas en rooster deze met een brander.

Champignonsoep

Bereiding + kooktijd: 50 minuten | Porties: 3

Ingrediënten:

1 kilo gemengde champignons

2 uien, in blokjes

3 teentjes knoflook

2 takjes gehakte peterselie

2 eetlepels tijmpoeder

2 eetlepels olijfolie

2 kopjes room

2 kopjes groentebouillon

Titels:

Maak een waterbad klaar, doe de Sous Vide erin en zet hem op 185F. Doe de champignons, ui en bleekselderij in een vacuüm afsluitbare zak. Laat de lucht ontsnappen met behulp van de waterverplaatsingsmethode, verzegel en dompel de zak onder in een waterbad. Zet de timer op 30 minuten. Wanneer de timer is gestopt, verwijdert u de zak en opent u deze.

Mix de ingrediënten van de zak in een blender. Zet een pan op middelhoog vuur, voeg olijfolie toe. Als het begint op te warmen, voeg je de gepureerde champignons en de rest van de ingrediënten behalve de room toe. Kook gedurende 10 minuten. Zet het vuur uit en voeg de room toe. Meng goed en serveer.

Vegetarische risotto met Parmezaanse kaas

Bereiding + kooktijd: 65 minuten | Porties: 5

Ingrediënten:

2 kopjes Arborio-rijst

½ kopje gewone witte rijst

1 kop groentesoep

1 kopje water

6 tot 8 ons geraspte Parmezaanse kaas

1 fijngehakte ui

1 eetlepel boter

Zout en zwarte peper naar smaak

Titels:

Zet een waterbad klaar en plaats de Sous Vide hierin. Ingesteld op 185F. Smelt de boter in een pan op middelhoog vuur. Voeg de ui, rijst en kruiden toe en bak een paar minuten. Breng over in een vacuüm afsluitbare zak. Laat de lucht ontsnappen met behulp van de waterverplaatsingsmethode, verzegel en dompel de zak onder in een waterbad. Zet de timer op 50 minuten. Als de timer is gestopt, verwijder je de zak en voeg je de Parmezaanse kaas toe.

Groene soep

Bereiding + kooktijd: 55 minuten | Porties: 3

Ingrediënten:

4 kopjes groentebouillon

1 eetlepel olijfolie

1 teentje knoflook, geperst

1 inch gember, in plakjes

1 theelepel korianderpoeder

1 grote courgette, in blokjes

3 kopjes boerenkool

2 kopjes broccoli, in roosjes gesneden

1 limoen, geperst en geraspt

Titels:

Maak een waterbad klaar, doe de Sous Vide erin en zet hem op 185F. Doe de broccoli, courgette, boerenkool en peterselie in een vacumeerzak. Laat de lucht ontsnappen met behulp van de waterverplaatsingsmethode, verzegel en dompel de zak onder in een waterbad. Zet de timer op 30 minuten.

Wanneer de timer is gestopt, verwijdert u de zak en opent u deze. Doe de gestoomde ingrediënten met de knoflook en gember in een blender. Pureer tot een gladde massa. Giet de groene puree in een bakje en voeg de overige ingrediënten van de lijst toe. Zet de pan op middelhoog vuur en laat 10 minuten sudderen. Serveer als een lichte maaltijd.

Gemengde groentesoep

Bereiding + kooktijd: 55 minuten | Porties: 3

Ingrediënten:

1 zoete ui, in plakjes

1 theelepel knoflookpoeder

2 kopjes courgette, in kleine blokjes gesneden

3 oz parmezaanse korst

2 kopjes babyspinazie

2 eetlepels olijfolie

1 theelepel rode pepervlokken

2 kopjes groentebouillon

1 takje rozemarijn

Zout naar smaak

Titels:

Maak een waterbad klaar, doe de Sous Vide erin en zet hem op 185F. Combineer alle ingrediënten behalve knoflook en zout met olijfolie en doe ze in een vacuüm afsluitbare zak. Laat de lucht ontsnappen met behulp van de waterverplaatsingsmethode, verzegel en dompel de zak onder in een waterbad. Zet de timer op 30 minuten.

Wanneer de timer is gestopt, verwijdert u de zak en opent u deze. Gooi de rozemarijn weg. Giet de rest van de ingrediënten in een kom, voeg zout en knoflookpoeder toe. Zet de pan op middelhoog vuur en laat 10 minuten sudderen. Serveer als een lichte maaltijd.

Groente wonton met gerookte paprika

Bereiding + kooktijd: 5 uur 15 minuten | Porties: 9)

Ingrediënten:

Wonton-wraps van 10 oz

10 oz groenten naar keuze, versnipperd

2 eieren

1 theelepel olijfolie

½ theelepel chilipoeder

½ theelepel gerookt paprikapoeder

½ theelepel knoflookpoeder

Zout en zwarte peper naar smaak

Titels:

Zet een waterbad klaar en plaats de Sous Vide hierin. Ingesteld op 165F.

Klop de eieren los met de kruiden. Voeg de groenten en olie toe. Giet het mengsel in een vacuüm afsluitbare zak, laat de lucht ontsnappen met behulp van de waterverplaatsingsmethode, sluit de zak af en dompel hem onder in een waterbad. Zet de timer op 5 uur.

Wanneer de timer is gestopt, verwijdert u de zak en brengt u deze over in een kom. Verdeel het mengsel over de ravioli, wikkel ze in en druk de randen tegen elkaar. Kook in kokend water op middelhoog vuur gedurende 4 minuten.

Misoschotel met quinoa en selderij

Bereiding + kooktijd: 2 uur 25 minuten | Porties: 6

Ingrediënten

1 bleekselderij, gehakt

1 eetlepel misopasta

6 teentjes knoflook

5 takjes tijm

1 theelepel uienpoeder

3 eetlepels ricottakaas

1 eetlepel mosterdzaadjes

Sap van ¼ grote citroen

5 kerstomaatjes, grof gehakt

Gehakte peterselie

8 ons veganistische boter

8 ons gekookte quinoa

Titels

Zet een waterbad klaar en plaats de Sous Vide hierin. Ingesteld op 186F.

Verhit ondertussen een pan op middelhoog vuur en voeg de knoflook, tijm en mosterdzaad toe. Kook ongeveer 2 minuten. Voeg de boter toe en roer tot het bruin is. Meng met het uienpoeder en houd apart. Laat het afkoelen tot kamertemperatuur. Doe de bleekselderij in een vacuüm afgesloten zak. Laat de lucht ontsnappen met behulp van de waterverplaatsingsmethode, verzegel en dompel de zak onder in een waterbad. Kook gedurende 2 uur.

Als de timer is gestopt, verwijder je de zak, doe je het in een pan en roer je tot het goudbruin is. Breng op smaak met miso. Je legt het opzij, je negeert het. Verhit een pan op middelhoog vuur, voeg de tomaten, mosterd en quinoa toe. Meng met citroensap en peterselie. Meng de bleekselderij en tomaten door elkaar en serveer.

Salade van radijs en basilicum

Bereiding + kooktijd: 50 minuten | Porties: 2

Ingrediënten:

20 kleine radijsjes, gesneden
1 eetlepel witte wijnazijn
¼ kopje basilicum, gehakt
½ kopje fetakaas
1 theelepel suiker
1 eetlepel water
¼ theelepel zout

Titels:

Zet een waterbad klaar en plaats de Sous Vide hierin. Stel in op 200F. Doe de radijzen in een grote vacuüm afsluitbare zak en voeg de azijn, suiker, zout en water toe. Laten we het opschudden. Laat de lucht ontsnappen met behulp van de waterverplaatsingsmethode, sluit het af en dompel het onder in een waterbad. Kook gedurende 30 minuten. Als de timer is gestopt, haal je de zak eruit en laat je hem afkoelen in een ijsbad. Heet opdienen. Serveer gemengd met basilicum en fetakaas.

paprika mengsel

Bereiding + kooktijd: 35 minuten | Porties: 2

Ingrediënten:

1 rode paprika, fijngehakt
1 gele paprika, fijngehakt
1 groene paprika, fijngesneden
1 grote oranje paprika, in stukjes gesneden
Zout naar smaak

Titels:

Bereid een waterbad voor, zet de Sous Vide op 183F. Doe alle gezouten pepers in een vacuüm afsluitbare zak. Laat de lucht ontsnappen met behulp van de waterverplaatsingsmethode, sluit het af en dompel het onder in een waterbad. Zet de timer op 15 minuten. Wanneer de timer is gestopt, verwijdert u de zak en opent u deze. Serveer de paprika met sap als bijgerecht.

Koriander kurkuma quinoa

Bereiding + kooktijd: 105 minuten | Porties: 6

Ingrediënten:

3 kopjes quinoa

2 kopjes slagroom

½ kopje water

3 eetlepels korianderblaadjes

2 theelepels kurkumapoeder

1 eetlepel boter

½ eetlepel zout

Titels:

Zet een waterbad klaar en plaats de Sous Vide hierin. Stel in op 180F.

Doe alle ingrediënten in een vacuümzak. Goed mengen. Laat de lucht ontsnappen met behulp van de waterverplaatsingsmethode, verzegel en dompel de zak onder in een waterbad. Zet de timer op 90 minuten. Wanneer de timer is gestopt, verwijdert u de zak. Heet opdienen.

Witte bonen met oregano

Bereiding + kooktijd: 5 uur 15 minuten | Porties: 8

Ingrediënten:

12 oz marinebonen

1 kop tomatenpuree

8 oz groentebouillon

1 lepel suiker

3 eetlepels boter

1 kop gesnipperde ui

1 paprika, gehakt

1 eetlepel oregano

2 theelepels paprikapoeder

Titels:

Zet een waterbad klaar en plaats de Sous Vide hierin. Ingesteld op 185F.

Combineer alle ingrediënten in een vacuümzak. Meng het. Laat de lucht ontsnappen met behulp van de waterverplaatsingsmethode, verzegel en dompel de zak onder in een waterbad. Zet de timer op 5 uur. Wanneer de timer is gestopt, verwijdert u de zak. Heet opdienen.

Salade van aardappelen en dadels

Bereiding + kooktijd: 3 uur 15 minuten | Porties: 6

Ingrediënten:

2 kilo aardappelen, in blokjes gesneden

5 ons gehakte dadels

½ kopje verkruimelde geitenkaas

1 theelepel oregano

1 eetlepel olijfolie

1 eetlepel citroensap

3 eetlepels boter

1 theelepel koriander

1 theelepel zout

1 eetlepel gehakte peterselie

¼ theelepel knoflookpoeder

Titels:

Zet een waterbad klaar en plaats de Sous Vide hierin. Ingesteld op 190F.

Doe de aardappelen, boter, dadels, oregano, koriander en zout in een hersluitbare zak. Laat de lucht ontsnappen met behulp van de waterverplaatsingsmethode, verzegel en dompel de zak onder in een waterbad. Zet de timer op 3 uur.

Wanneer de timer is gestopt, verwijdert u de zak en brengt u deze over in een kom. Meng de olijfolie, citroensap, peterselie en knoflookpoeder en sprenkel over de salade. Als je kaas gebruikt, strooi die er dan over.

paprika grutten

Bereiding + kooktijd: 3 uur 10 minuten | Porties: 4

Ingrediënten:

10 ons griesmeel
4 eetlepels boter
1 ½ theelepel paprikapoeder
10 ons water
½ theelepel knoflookzout

Titels:

Zet een waterbad klaar en plaats de Sous Vide hierin. Stel in op 180F.

Doe alle ingrediënten in een vacuümzak. Meng met een lepel om goed te combineren. Laat de lucht ontsnappen met behulp van de waterverplaatsingsmethode, verzegel en dompel de zak onder in een waterbad. Zet de timer op 3 uur. Wanneer de timer is gestopt, verwijdert u de zak. Verdeel over 4 serveerschalen.

Druiven groentemix

Bereiding + kooktijd 105 minuten | Porties: 9)

Ingrediënten:

8 zoete aardappelen, in plakjes

2 rode uien, in plakjes

4 ons tomaten, gepureerd

1 theelepel gehakte knoflook

Zout en zwarte peper naar smaak

1 theelepel druivensap

Titels:

Zet een waterbad klaar en plaats de Sous Vide hierin. Ingesteld op 183F. Doe alle ingrediënten in een vacuüm afsluitbare zak met ¼ kopje water. Laat de lucht ontsnappen met behulp van de waterverplaatsingsmethode, verzegel en dompel de zak onder in een waterbad. Zet de timer op 90 minuten. Wanneer de timer is gestopt, verwijdert u de zak. Heet opdienen.

Muntschotel van kikkererwten en champignons

Bereiding + kooktijd: 4 uur 15 minuten | Porties: 8

Ingrediënten:

9 ons champignons

3 kopjes groentesoep

1 kilo kikkererwten, een nacht geweekt en uitgelekt

1 theelepel boter

1 theelepel paprikapoeder

1 eetlepel mosterd

2 eetlepels tomatensap

1 theelepel zout

¼ kopje gehakte munt

1 eetlepel olijfolie

Titels:

Zet een waterbad klaar en plaats de Sous Vide hierin. Ingesteld op 195F. Doe de bouillon en kikkererwten in een hersluitbare zak. Laat de lucht ontsnappen met behulp van de waterverplaatsingsmethode, verzegel en dompel de zak onder in een waterbad. Zet de timer op 4 uur.

Wanneer de timer is gestopt, verwijdert u de zak. Verhit de olie in een pan op middelhoog vuur. Voeg de champignons, tomatensap, paprika, zout en mosterd toe. Kook gedurende 4 minuten. Giet de kikkererwten af en doe ze in de pan. Kook nog 4 minuten. Voeg de boter en munt toe.

plantaardige caponata

Bereiding + kooktijd: 2 uur 15 minuten | Porties: 4

Ingrediënten:

4 blikken pruimtomaten, geplet

2 paprika's, in plakjes

2 in plakjes gesneden courgette

½ ui, in plakjes

2 in plakjes gesneden aubergines

6 teentjes gehakte knoflook

2 eetlepels olijfolie

6 basilicumblaadjes

Zout en zwarte peper naar smaak

Titels:

Zet een waterbad klaar en plaats de Sous Vide hierin. Ingesteld op 185F. Combineer alle ingrediënten in een vacuüm afsluitbare zak. Laat de lucht ontsnappen met behulp van de waterverplaatsingsmethode, verzegel en dompel de zak onder in een waterbad. Zet de timer op 2 uur. Wanneer de timer is gestopt, overbrengen naar een bord.

Gestoomde snijbiet met limoen

Bereiding + kooktijd: 25 minuten | Porties: 2

2 pond snijbiet

4 eetlepels extra vergine olijfolie

2 teentjes knoflook, gehakt

1 hele limoen, uitgeperst

2 theelepels zeezout

Titels:

Was snijbiet grondig en laat uitlekken in een vergiet. Snijd met een scherp keukenmes in stukjes en doe ze in een grote kom. Voeg 4 el olijfolie, geperste knoflook, citroensap en zeezout toe. Breng over in een grote vacuümzak en sluit af. Kook in sous vide gedurende 10 minuten op 180 F.

Wortelgroentepuree

Bereiding + kooktijd: 3 uur 15 minuten | Porties: 4

Ingrediënten:

2 pastinaken, geschild en in stukjes gesneden
1 raap, geschild en in stukjes gesneden
1 grote zoete aardappel, geschild en in stukjes gesneden
1 eetlepel boter
Zout en zwarte peper naar smaak
een snufje nootmuskaat
¼ theelepel tijm

Titels:

Zet een waterbad klaar en plaats de Sous Vide hierin. Ingesteld op 185F. Doe de groenten in een vacuüm afsluitbare zak. Laat de lucht ontsnappen met behulp van de waterverplaatsingsmethode, sluit het af en dompel het onder in een waterbad. 3 uur koken. Als u klaar bent, verwijdert u de zak en pureert u de groenten met een aardappelstamper. Meng met de andere ingrediënten.

Kool en paprika in tomatensaus

Bereiding + kooktijd: 4 uur 45 minuten | Porties: 6

Ingrediënten:

2 kilo kool, in plakjes

1 kop gesneden paprika

1 kop tomatenpuree

2 fijngehakte uien

1 lepel suiker

Zout en zwarte peper naar smaak

1 eetlepel koriander

1 eetlepel olijfolie

Titels:

Zet een waterbad klaar en plaats de Sous Vide hierin. Ingesteld op 184F.

Doe de kool en ui in een hersluitbare zak en breng op smaak met kruiden. Voeg de tomatenpuree toe en meng goed. Laat de lucht ontsnappen met behulp van de waterverplaatsingsmethode, verzegel en dompel de zak onder in een waterbad. Stel de timer in op 4 uur en 30 minuten. Wanneer de timer is gestopt, verwijdert u de zak.

Plaat van linzen en tomaten met mosterd

Bereiding + kooktijd: 105 minuten | Porties: 8

Ingrediënten:

2 kopjes linzen

1 blik gepelde tomaten, niet uitgelekt

1 kopje groene erwten

3 kopjes groentesoep

3 kopjes water

1 fijngehakte ui

1 gesneden wortel

1 eetlepel boter

2 eetlepels mosterd

1 theelepel rode pepervlokken

2 eetlepels limoensap

Zout en zwarte peper naar smaak

Titels:

Zet een waterbad klaar en plaats de Sous Vide hierin. Ingesteld op 192F. Doe alle ingrediënten in een grote, vacuüm afsluitbare zak. Laat de lucht ontsnappen met behulp van de waterverplaatsingsmethode, sluit het af en dompel het onder in het bad. Kook gedurende 90 minuten. Nadat de timer is gestopt, verwijdert u de zak en doet u deze in een grote kom en roert u voor het opdienen.

Rijstpilaf met paprika en rozijnen

Bereiding + kooktijd: 3 uur 10 minuten | Porties: 6

Ingrediënten:

2 kopjes witte rijst

2 kopjes groentebouillon

⅔ kopje water

3 eetlepels rozijnen, gehakt

2 eetlepels zure room

½ kopje gehakte rode ui

1 paprika, gehakt

Zout en zwarte peper naar smaak

1 theelepel tijm

Titels:

Zet een waterbad klaar en plaats de Sous Vide hierin. Stel in op 180F.

Doe alle ingrediënten in een vacuümzak. Goed mengen. Laat de lucht ontsnappen met behulp van de waterverplaatsingsmethode, verzegel en dompel de zak onder in een waterbad. Zet de timer op 3 uur. Wanneer de timer is gestopt, verwijdert u de zak. Heet opdienen.

komijn yoghurt soep

Bereiding + kooktijd: 2 uur 20 minuten | Porties: 4

Ingrediënten

1 eetlepel olijfolie

1½ theelepel komijnzaad

1 middelgrote ui, in blokjes gesneden

1 prei gehalveerd en in dunne plakjes gesneden

Zout naar smaak

2 kilo gesneden wortelen

1 laurierblad

3 kopjes groentesoep

½ kopje volle melkyoghurt

appelazijn

verse dilleblaadjes

Titels

Zet een waterbad klaar en plaats de Sous Vide hierin. Ingesteld op 186F. Verhit olijfolie in een grote pan op middelhoog vuur en voeg de komijnzaadjes toe. Test ze gedurende 1 minuut. Voeg de ui, zout en prei toe, laat 5-7 minuten sudderen of tot ze zacht zijn. Combineer ui, laurier, wortel en 1/2 eetlepel zout in een grote kom.

Verdeel het mengsel in een vacuüm afgesloten zak. Laat de lucht ontsnappen met behulp van de waterverplaatsingsmethode, verzegel en dompel de zak onder in een waterbad. Kook gedurende 2 uur.

Wanneer de timer is gestopt, verwijder je de zak en giet je het in een kom. Voeg de groentesoep toe en mix. Voeg de yoghurt toe. Breng de soep op smaak met een beetje zout en azijn en serveer met een garnituur van dilleblaadjes.

romige zomerpompoen

Bereiding + kooktijd: 1 uur 35 minuten | Porties: 4

Ingrediënten

2 eetlepels boter

¾ kopje gehakte ui

1½ kilo zomerpompoen, in plakjes

Zout en zwarte peper naar smaak

½ kopje volle melk

2 grote hele eieren

½ kopje verkruimelde aardappelchips

Titels

Zet een waterbad klaar en plaats de Sous Vide hierin. Ingesteld op 175F

Vet ondertussen enkele potjes in. Verhit een grote koekenpan op middelhoog vuur en smelt de boter. Voeg de ui toe en bak 7 minuten. Voeg de pompoen toe, breng op smaak met zout en peper en braad 10 minuten. Verdeel het mengsel over de potjes. Laat afkoelen en zet opzij.

Klop de melk, het zout en de eieren los in een kom. Breng op smaak met peper. Giet het mengsel in de potten, sluit ze en dompel ze onder in een waterbad. Kook gedurende 60 minuten. Als de timer is gestopt, verwijder je de potten en laat je ze 5 minuten afkoelen. Serveer over Franse frietjes.

Chutney van curry, gember en nectarine

Bereiding + kooktijd: 60 minuten | Porties: 3

Ingrediënten

½ kopje kristalsuiker

½ kopje water

¼ kopje witte wijnazijn

1 teentje gehakte knoflook

¼ kopje fijngehakte witte ui

Sap van 1 limoen

2 theelepels geraspte verse gember

2 theelepels kerriepoeder

Een snufje rode pepervlokken

Zout en zwarte peper naar smaak

pepervlokken naar smaak

4 grote nectarines in plakjes gesneden

¼ kopje gehakte verse basilicum

Titels

Zet een waterbad klaar en plaats de Sous Vide hierin. Ingesteld op 168F.

Verhit een pan op middelhoog vuur en meng het water, de suiker, de witte wijnazijn en de knoflook. Roer tot de suiker zacht wordt. Voeg het citroensap, ui, kerriepoeder, gember en rode pepervlokken toe. Breng op smaak met zout en zwarte peper. Goed mengen. Doe het mengsel in een vacuüm afsluitbare zak. Laat de lucht ontsnappen met behulp van de waterverplaatsingsmethode, verzegel en dompel de zak onder in een waterbad. Kook gedurende 40 minuten.

Wanneer de timer is gestopt, verwijdert u de zak en plaatst u deze in een ijsbad. Breng het voedsel over naar een serveerschaal. Garneer met basilicum.

Gekonfijte aardappelen Rosemary Russet

Bereiding + kooktijd: 1 uur 15 minuten | Porties: 4

Ingrediënten

1 pond kastanjebruine aardappelen, in blokjes
Zout naar smaak
¼ theelepel gemalen witte peper
1 theelepel gehakte verse rozemarijn
2 eetlepels volle boter
1 eetlepel maïsolie

Titels

Zet een waterbad klaar en plaats de Sous Vide hierin. Ingesteld op 192F. Kruid de aardappelen met rozemarijn, zout en peper. Meng de aardappelen met boter en olie. Doe in een vacuüm afsluitbare zak. Laat de lucht ontsnappen met behulp van de waterverplaatsingsmethode, verzegel en dompel de zak onder in een waterbad. Kook gedurende 60 minuten. Wanneer de timer is gestopt, verwijdert u de zak en brengt u deze over in een grote kom. Garneer met boter en serveer.

Kerrie peer en kokosroom

Bereiding + kooktijd: 1 uur 10 minuten | Porties: 4

Ingrediënten

2 peren, klokhuis verwijderd, geschild en in plakjes gesneden
1 eetlepel kerriepoeder
2 eetlepels kokoscrème

Titels

Zet een waterbad klaar en plaats de Sous Vide hierin. Ingesteld op 186F.

Meng alle ingrediënten door elkaar en doe in een hersluitbare vacuümzak. Laat de lucht ontsnappen met behulp van de waterverplaatsingsmethode, verzegel en dompel de zak onder in een waterbad. Kook gedurende 60 minuten. Wanneer de timer is gestopt, verwijdert u de zak en brengt u deze over in een grote kom. Verdeel over borden en serveer.

Gewone broccolipuree

Bereiding + kooktijd: 2 uur 15 minuten | Porties: 4

Ingrediënten

1 stronk broccoli in roosjes gesneden
½ theelepel knoflookpoeder
Zout naar smaak
1 eetlepel boter
1 eetlepel zware slagroom

Titels

Zet een waterbad klaar en plaats de Sous Vide hierin. Ingesteld op 183F. Combineer de broccoli, zout, knoflookpoeder en slagroom. Doe in een vacuüm afsluitbare zak. Laat de lucht ontsnappen met behulp van de waterverplaatsingsmethode, verzegel en dompel de zak onder in een waterbad. Kook gedurende 2 uur.

Zodra de timer is gestopt, verwijdert u de zak en brengt u deze over naar een blender om te pulseren. Breng op smaak en serveer.

Heerlijke pittige dadels en mangosaus

Bereiding + kooktijd: 1 uur 45 minuten | Porties: 4

Ingrediënten

2 kilo mango, in stukjes

1 kleine ui, in blokjes gesneden

½ kopje lichtbruine suiker

¼ kopje dadels

2 eetlepels appelazijn

2 eetlepels vers geperst citroensap

1½ theelepel geel mosterdzaad

1½ theelepel korianderzaad

Zout naar smaak

¼ theelepel kerriepoeder

¼ theelepel gedroogde kurkuma

⅛ theelepel cayennepeper

Titels

Zet een waterbad klaar en plaats de Sous Vide hierin. Ingesteld op 183F.

Mix alle ingredienten. Doe in een vacuüm afsluitbare zak. Laat de lucht ontsnappen met behulp van de waterverplaatsingsmethode, verzegel en dompel de zak onder in een waterbad. Kook gedurende 90 minuten. Wanneer de timer is gestopt, verwijdert u de zak en giet u deze in een container.

zoetzure kippenvleugels

Bereiding + kooktijd: 2 uur 15 minuten | Porties: 2

Ingrediënten

12 kippenvleugels

Zout en zwarte peper naar smaak

1 kopje gebraden kipmengsel

½ kopje water

½ kopje tamarisaus

½ ui, gesnipperd

5 teentjes gehakte knoflook

2 theelepels gemberpoeder

2 eetlepels bruine suiker

¼ kopje mirin

Sesamzaadjes voor decoratie

Maïzena slurry (meng 1 eetlepel maizena en 2 eetlepels water)

olijfolie om in te bakken

Titels

Zet een waterbad klaar en plaats de Sous Vide hierin. Ingesteld op 147F.

Doe de kippenvleugels in een hersluitbare zak en breng op smaak met zout en peper. Laat de lucht ontsnappen met behulp van de waterverplaatsingsmethode, verzegel en dompel de zak onder in een waterbad. Kook gedurende 2 uur. Wanneer de timer is gestopt, verwijdert u de zak. Verhit een pan met olie.

Combineer in een kom 1/2 kopje van het gebakken mengsel en 1/2 kopje water. Giet het resterende gebakken mengsel in een andere kom. Doop de vleugels in het natte mengsel en vervolgens in het droge mengsel. Bak in 1-2 minuten krokant en goudbruin.

Verhit voor de saus een pan en voeg alle ingrediënten toe; kook tot het schuimig is. Roer de vleugels erdoor. Strooi sesamzaadjes erover en serveer.

Citrus kipfilet

Bereiding + kooktijd: 3 uur | Porties: 2

Ingrediënten

1½ eetlepel vers geperst sinaasappelsap

1½ eetlepel vers geperst citroensap

1½ eetlepel bruine suiker

1 eetlepel Pernode

1 eetlepel olijfolie

1 eetlepel volle granen

1 theelepel selderijzaad

Zout naar smaak

¾ theelepel zwarte peper

2 kipfilets met bot en vel

1 venkel, gesneden en in plakjes

2 clementines, ongeschild en in plakjes

gehakte dille

Titels

Zet een waterbad klaar en plaats de Sous Vide hierin. Ingesteld op 146F.

Meng citroensap, sinaasappelsap, Pernod, olijfolie, selderijzaad, bruine suiker, mosterd, zout en peper in een kom. Goed mengen. Doe de kipfilet, gesneden clementine en gesneden venkel in een vacuüm afsluitbare zak. Voeg het sinaasappelmengsel toe. Laat de lucht ontsnappen met behulp van de waterverplaatsingsmethode, verzegel en dompel de zak onder in een waterbad. Kook gedurende 2 uur en 30 minuten. Wanneer de timer is gestopt, verwijdert u de zak en giet u de inhoud in een container. Giet de kip af en doe het kookvocht in een hete pan.

Laat ongeveer 5 minuten koken tot het schuimig is. Haal het eruit en leg het op de kip. Bak 6 minuten tot ze bruin zijn. Serveer de kip in een kom en bedek met de saus. Garneer met dille en venkelblaadjes.

Kip gevuld met artisjokken

Bereiding + kooktijd: 3 uur 15 minuten | Porties: 6

Ingrediënten:

2 kilo kipfiletfilet, in vlindervormen gesneden

½ kopje gehakte babyspinazie

8 teentjes knoflook, gehakt

10 artisjokharten

Zout en witte peper naar smaak

4 eetlepels olijfolie

Titels:

Combineer de artisjokken, peper en knoflook in een keukenmachine. Meng tot het helemaal glad is. Pulseer opnieuw en voeg geleidelijk de olie toe tot alles goed gemengd is.

Vul elke borst met gelijke hoeveelheden gesneden babyspinazie en artisjokmengsel. Vouw de borstfilet nogmaals om en zet de rand vast met een spies. Breng op smaak met zout en witte peper en doe ze in aparte vacuüm afsluitbare zakken. Sluit zakken en sous vide gedurende 3 uur op 149F.

Krokante kip spek wrap

Bereiding + kooktijd: 3 uur 15 minuten | Porties: 2

Ingrediënten

1 kipfilet

2 reepjes spek

2 eetlepels Dijon-mosterd

1 eetlepel geraspte Pecorino Romano-kaas

Titels

Zet een waterbad klaar en plaats de Sous Vide hierin. Ingesteld op 146F. Meng de kip met zout. Marineer beide kanten met Dijon-mosterd. Bestrooi met Pecorino Romano-kaas en wikkel de pancetta om de kip.

Doe in een vacuüm afsluitbare zak. Laat de lucht ontsnappen met behulp van de waterverplaatsingsmethode, verzegel en dompel de zak onder in een waterbad. 3 uur koken. Als de timer is gestopt, haal je de kip eruit en dep je hem droog. Verhit een pan op middelhoog vuur en rooster tot krokant.

Kip met zongedroogde tomaten

Bereiding + kooktijd: 1 uur 15 minuten | Porties: 3

Ingrediënten:

1 kilo kipfilet zonder bot zonder vel
½ kopje zongedroogde tomaten
1 theelepel rauwe honing
2 eetlepels vers citroensap
1 eetlepel verse munt, fijngehakt
1 eetlepel fijngehakte sjalot
1 eetlepel olijfolie
Zout en zwarte peper naar smaak

Titels:

Spoel de kipfilets af onder koud stromend water en dep droog met keukenpapier. Je legt het opzij, je negeert het.

Klop in een middelgrote kom het citroensap, honing, munt, sjalotjes, olijfolie, zout en peper door elkaar. Roer tot alles goed is opgenomen. Voeg de kipfilet en zongedroogde tomaten toe. Schud om alles goed te coaten. Doe alles in een grote, vacuüm afsluitbare zak. Knijp in de zak om de lucht te verwijderen en sluit het deksel. Kook sous vide gedurende 1 uur op 167F. Haal uit de bain-marie en serveer direct.

Groentekip met sojasaus.

Bereiding + kooktijd: 6 uur 25 minuten | Porties: 4

Ingrediënten

1 hele kip met been, bijgesneden
1 liter natriumarme kippenbouillon
2 eetlepels sojasaus
5 takjes verse salie
2 gedroogde laurierblaadjes
2 kopjes gesneden wortelen
2 kopjes gesneden bleekselderij
½ oz gedroogde paddenstoelen
3 eetlepels boter

Titels

Zet een waterbad klaar en plaats de Sous Vide hierin. Ingesteld op 149F.

Meng sojasaus, kippenbouillon, kruiden, groenten en kip. Doe in een vacuüm afsluitbare zak. Laat de lucht ontsnappen met behulp van de waterverplaatsingsmethode, verzegel en dompel de zak onder in een waterbad. 6 uur koken.

Als de timer is gestopt, haal je de kip eruit en laat je de groenten uitlekken. Droog met een bakplaat. Breng op smaak met olijfolie, zout en peper. Verwarm de oven voor op 450 ° F en bak gedurende 10 minuten. Meng de kookbouillon in een pan. Haal van het vuur en meng met boter. Snijd de kip zonder vel, breng op smaak met koosjer zout en gemalen zwarte peper. Serveer bij het serveren. Werk af met saus.

Chinese Kipsalade Met Hazelnoten

Bereiding + kooktijd: 1 uur 50 minuten | Porties: 4

Ingrediënten

4 grote kippenborsten zonder vel, zonder vel

Zout en zwarte peper naar smaak

¼ kopje honing

¼ kopje sojasaus

3 eetlepels gesmolten pindakaas

3 eetlepels sesamolie

2 eetlepels plantaardige olie

4 theelepels azijn

½ theelepel gerookt paprikapoeder

1 krop ijsbergsla, fijngesneden

3 fijngehakte lente-uitjes

¼ kopje gehakte hazelnoten, geroosterd

¼ kopje geroosterde sesamzaadjes

2 kopjes wontonreepjes

Titels

Zet een waterbad klaar en plaats de Sous Vide hierin. Ingesteld op 152F.

Kruid de kip met peper en zout en doe in een hersluitbare vacuümzak. Laat de lucht ontsnappen met behulp van de waterverplaatsingsmethode, verzegel en dompel de zak onder in een waterbad. Kook gedurende 90 minuten.

Meng ondertussen de honing, sojasaus, pindakaas, sesamolie, plantaardige olie, azijn en paprikapoeder. Meng tot een gladde massa. Laat afkoelen in de koelkast.

Als de timer is gestopt, haal je de kip eruit en dep je hem droog met keukenpapier. Gooi het kookvocht weg. Snijd de kipfilet in kleine stukjes en doe ze in een slakom. Voeg de salade, lente-uitjes en hazelnoten toe. Werk af met dressing. Versier met sesamzaadjes en wontonreepjes.

Lunch met kip-paprika

Bereiding + kooktijd: 1 uur 15 minuten | Porties: 2

Ingrediënten

1 kipfilet zonder bot, gehalveerd
Zout en zwarte peper naar smaak
peper naar smaak
1 eetlepel paprikapoeder
1 eetlepel knoflookpoeder

Titels

Zet een waterbad klaar en plaats de Sous Vide hierin. Ingesteld op 149F. Giet de kip af en dep droog met een bakplaat. Breng op smaak met knoflookpoeder, paprikapoeder, peper en zout. Doe in een vacuüm afsluitbare zak. Laat de lucht ontsnappen met behulp van de waterverplaatsingsmethode, sluit het af en dompel het onder in een waterbad. Kook gedurende 1 uur. Als de timer is gestopt, verwijder je de kip en dien je op.

Kippenstoofpot rozemarijn

Bereiding + kooktijd: 4 uur 15 minuten | Porties: 2

Ingrediënten

2 kippenpoten

6 teentjes knoflook, gehakt

¼ theelepel hele zwarte peper

2 laurierblaadjes

¼ kopje donkere sojasaus

¼ kopje witte azijn

1 eetlepel rozemarijn

Titels

Zet een waterbad klaar en plaats de Sous Vide hierin. Ingesteld op 165F. Meng de kippendijen met alle ingrediënten. Doe in een vacuüm afsluitbare zak. Laat de lucht ontsnappen met behulp van de waterverplaatsingsmethode, sluit het af en dompel het onder in een waterbad. 4 uur koken.

Als de timer is gestopt, verwijder je de kip, gooi je de laurierblaadjes weg en bewaar je het kookvocht. Verhit de koolzaadolie in een pan op middelhoog vuur en bak de kip.

Voeg de kookbouillon toe en kook tot de gewenste consistentie. Zeef de saus en bedek de kip.

Krokante kip met champignons

Bereiding + kooktijd: 1 uur 15 minuten | Porties: 4

Ingrediënten

4 kipfilets zonder bot

1 kop panko paneermeel

1 pond gesneden portobello-champignons

klein bosje tijm

2 eieren

Zout en zwarte peper naar smaak

koolzaadolie naar smaak

Titels

Zet een waterbad klaar en plaats de Sous Vide hierin. Ingesteld op 149F.

Doe de kip in een hersluitbare vacuümzak. Breng op smaak met zout en tijm. Laat de lucht ontsnappen met behulp van de waterverplaatsingsmethode, sluit het af en dompel het onder in een waterbad. Kook gedurende 60 minuten.

Verhit ondertussen een koekenpan op middelhoog vuur. Kook de champignons tot het water is verdampt. Voeg 3-4 takjes tijm toe. Kruid met peper en zout. Wanneer de timer is gestopt, verwijdert u de zak.

Verhit een pan met olie op middelhoog vuur. Meng de panko met zout en peper. Laag kip in panko mix. Bak 1-2 minuten per kant. Serveer met champignons.

Kipschotel met kruiden en courgette

Bereiding + kooktijd: 1 uur 15 minuten | Porties: 2

Ingrediënten

6 kipfilets

4 kopjes pompoen, gehakt en geroosterd

4 kopjes rucola

4 eetlepels gesneden amandelen

Sap van 1 citroen

2 eetlepels olijfolie

4 eetlepels gesnipperde rode ui

1 eetlepel paprikapoeder

1 eetlepel kurkuma

1 eetlepel komijn

Zout naar smaak

Titels

Zet een waterbad klaar en plaats de Sous Vide hierin. Ingesteld op 138F.

Doe de kip en alle kruiden in een hersluitbare zak. Laat de lucht ontsnappen met behulp van de waterverplaatsingsmethode, sluit het af en dompel het onder in een waterbad. Kook gedurende 60 minuten.

Als de timer is gestopt, verwijder je de zak en doe je de kip in een hete pan. Bak 1 minuut per kant. Meng de andere ingrediënten in een kom. Serveer de kip met de salade.

Koriander kip met pindakaassaus

Bereiding + kooktijd: 1 uur 40 minuten | Porties: 2

Ingrediënten

4 kipfilets

1 zak gemengde salade

1 bosje koriander

2 komkommers

2 wortelen

1 pakje wontonvellen

olie om te frituren

¼ kopje pindakaas

Sap van 1 limoen

2 eetlepels gehakte koriander

3 teentjes knoflook

2 eetlepels verse gember

½ kopje water

2 eetlepels witte azijn

1 eetlepel sojasaus

1 theelepel vissaus

1 theelepel sesamolie

3 eetlepels koolzaadolie

Titels

Zet een waterbad klaar en plaats de Sous Vide hierin. Ingesteld op 149F. Kruid de kip met peper en zout en doe in een hersluitbare vacuümzak. Laat de lucht ontsnappen met behulp van de waterverplaatsingsmethode, verzegel en dompel de zak onder in een waterbad. Kook gedurende 60 minuten. Hak de komkommer, koriander en wortel fijn en meng door de salade.

Verhit een pot tot 350F en vul met olie. Snijd de wontonvellen in stukjes en bak ze krokant. Combineer in een keukenmachine de pindakaas, limoensap, verse gember, koriander, water, witte azijn, vissaus, sojasaus, sesamzaadjes en koolzaadolie. Meng tot een gladde massa.

Nadat de timer is afgelopen, verwijdert u de kip en brengt u deze over naar een hete pan. Bruin gedurende 30 seconden per kant. Meng de wontonreepjes door de salade. Snijd de kip in plakjes. Serveer bovenop de salade. Besprenkel met dressing.

Stoofpotje van kip en prei

Bereiding + kooktijd: 70 minuten | Porties: 4

Ingrediënten

6 kippenborsten zonder vel

Zout en zwarte peper naar smaak

3 eetlepels boter

1 grote prei, dwars doorgesneden

½ kopje panko

2 eetlepels gehakte peterselie

1 oz Copoundy Jack-kaas

1 eetlepel olijfolie

Titels

Zet een waterbad klaar en plaats de Sous Vide hierin. Ingesteld op 146F.

Doe de kipfilets in een hersluitbare vacuümzak. Kruid met peper en zout. Laat de lucht ontsnappen met behulp van de waterverplaatsingsmethode, sluit het af en dompel het onder in een waterbad. Kook gedurende 45 minuten.

Verhit ondertussen een pan met boter op hoog vuur en bak de prei. Kruid met peper en zout. Goed mengen. Zet het vuur lager en laat het 10 minuten koken.

Verhit een pan op middelhoog vuur met boter en voeg de panko toe. Kook tot geroosterd. Doe over in een kom en meng met cheddarkaas en gehakte peterselie. Nadat de timer stopt, verwijdert u uw borsten en droogt u ze af. Verhit een koekenpan op hoog vuur met olijfolie en bak de kip 1 minuut per kant. Serveer bovenop prei en garneer met panko mix.

kippenpoot met mosterd

Bereiding + kooktijd: 2 uur 30 minuten | Porties: 4

Ingrediënten

4 hele kippenpoten

Zout en zwarte peper naar smaak

2 eetlepels olijfolie

2 sjalotten, dun gesneden

3 teentjes knoflook, in dunne plakjes gesneden

½ kopje droge witte wijn

1 kop kippenbouillon

¼ kopje volkoren mosterd

1 kopje halve en halve room

1 theelepel kurkuma

2 eetlepels verse dragon, gehakt

1 eetlepel gehakte verse tijm

Titels

Zet een waterbad klaar en plaats de Sous Vide hierin. Ingesteld op 172F. Kruid de kip met peper en zout. Verhit de olijfolie in een pan op hoog vuur en bak de kippenpoten 5-7 minuten. Je legt het opzij, je negeert het.

Voeg in dezelfde pan de sjalotten en knoflook toe. Kook gedurende 5 minuten. Voeg de witte wijn toe en kook 2 minuten tot het kookt. Verwijder en giet over de kippenbouillon en mosterd.

Meng de mosterdsaus met de kip en doe het in een hersluitbare zak. Laat de lucht ontsnappen met behulp van de waterverplaatsingsmethode, sluit het af en dompel het onder in een waterbad. Kook gedurende 2 uur.

Wanneer de timer is gestopt, verwijdert u de zak, houdt u de kip vast en scheidt u het kookvocht. Doe het kookvocht en de helft van de slagroom in een hete pan. Kook tot het bubbelt en half verdampt is. Haal van het vuur en roer de dragon, kurkuma, tijm en kippendijen erdoor. Goed mengen. Kruid met peper en zout en serveer.

Kipsalade Met Kaas En Kikkererwten

Bereiding + kooktijd: 1 uur 30 minuten | Porties: 2

Ingrediënten

6 kipfiletfilets, zonder bot, zonder vel

4 eetlepels olijfolie

2 eetlepels hete saus

1 theelepel gemalen komijn

1 theelepel lichtbruine suiker

1 theelepel gemalen kaneel

Zout en zwarte peper naar smaak

1 blikje kikkererwten, uitgelekt

½ kopje verkruimelde fetakaas

½ kopje verkruimelde verse kaas

½ kopje geraspte basilicum

½ kopje verse munt

4 theelepels geroosterde pijnboompitten

2 theelepels honing

2 theelepels vers geperst citroensap

Titels

Zet een waterbad klaar en plaats de Sous Vide hierin. Ingesteld op 138F. Doe de kipfilets, 2 eetlepels olijfolie, hete saus, bruine suiker, komijn en kaneel in een hersluitbare zak. Kruid met peper en zout. Laat de lucht ontsnappen met behulp van de waterverplaatsingsmethode, verzegel en dompel de zak onder in een waterbad. Kook gedurende 75 minuten.

Meng ondertussen de kikkererwten, basilicum, queso fresco, munt en pijnboompitten in een kom. Voeg de honing, het citroensap en 2 eetlepels olijfolie toe. Kruid met peper en zout. Als de timer is gestopt, haal je de kip eruit en snijd je hem in blokjes. Gooi het kookvocht weg. Combineer de salade en kip, meng goed en serveer.

Gelaagde kaaskip

Bereiding + kooktijd: 60 minuten | Porties: 2

Ingrediënten

2 kippenborsten zonder vel, zonder vel

Zout en zwarte peper naar smaak

2 theelepels boter

4 kopjes salade

1 grote tomaat, in plakjes

1 ons cheddarkaas, in plakjes

2 eetlepels rode ui, in blokjes gesneden

verse basilicumblaadjes

1 eetlepel olijfolie

2 schijfjes citroen om te serveren

Titels

Zet een waterbad klaar en plaats de Sous Vide hierin. Ingesteld op 146F.

Doe de kip in een hersluitbare vacuümzak. Kruid met peper en zout. Laat de lucht ontsnappen met behulp van de waterverplaatsingsmethode, verzegel en dompel de zak onder in een waterbad. Kook gedurende 45 minuten.

Als de timer is gestopt, verwijder je de kip en gooi je het kookvocht weg. Verhit een pan met boter op hoog vuur. Bak de kip bruin. Breng over naar een serveerschaal. Leg sla tussen de kip en garneer met tomaten, rode ui, cheddarkaas en basilicum. Besprenkel met olijfolie, zout en peper. Serveer met partjes citroen.

Kip op Chinese wijze

Bereiding + kooktijd: 1 uur 35 minuten | Porties: 6

Ingrediënten

1½ pond kippenborst zonder botten, zonder vel

¼ kopje fijngehakte ui

2 eetlepels worcestershiresaus

1 eetlepel honing

1 theelepel sesamolie

1 teentje gehakte knoflook

¾ theelepel Chinees vijfkruidenpoeder

Titels

Zet een waterbad klaar en plaats de Sous Vide hierin. Ingesteld op 146F.

Doe de kip, ui, honing, worcestershiresaus, sesamolie, knoflook en five spice in een hersluitbare zak. Laat de lucht ontsnappen met behulp van de waterverplaatsingsmethode, verzegel en dompel de zak onder in een waterbad. Kook gedurende 75 minuten. Verhit een pan op middelhoog vuur. Wanneer de timer is gestopt, verwijder je de zak en plaats je deze in de pan. Bak in 5 minuten goudbruin. Snijd de kip in medaillons.

Kippengehaktballetjes met oregano

Bereiding + kooktijd: 2 uur 20 minuten | Porties: 4

Ingrediënten

1 kilo kipgehakt

1 eetlepel olijfolie

2 teentjes knoflook, fijngehakt

1 theelepel verse oregano, fijngehakt

Zout naar smaak

1 eetlepel komijn

½ theelepel citroenschil

½ theelepel zwarte peper

¼ kopje panko paneermeel

Schijfje citroen

Titels

Zet een waterbad klaar en plaats de Sous Vide hierin. Ingesteld op 146F. Meng in een kom de gemalen kip, knoflook, olijfolie, oregano, citroenschil, komijn, zout en peper. Maak minimaal 14 gehaktballetjes met je handen. Doe de gehaktballetjes in een hersluitbare vacuümzak. Laat de lucht ontsnappen met behulp van de waterverplaatsingsmethode, verzegel en dompel de zak onder in een waterbad. Kook gedurende 2 uur.

Als de timer is gestopt, verwijder je de zak en leg je de gehaktballen op een bakplaat bekleed met folie. Verhit een pan op middelhoog vuur en bak de gehaktballetjes 7 minuten. Leg de schijfjes citroen erop.

Kip uit Cornwall beladen met rijst en bessen

Bereiding + kooktijd: 4 uur 40 minuten | Porties: 2

Ingrediënten

2 hele Cornish wild hennen

4 el boter plus 1 el

2 kopjes shitake-champignons, in dunne plakjes gesneden

1 kopje prei, fijngehakt

¼ kopje walnoten, gehakt

1 eetlepel gehakte verse tijm

1 kopje gekookte wilde rijst

¼ kopje gedroogde veenbessen

1 eetlepel honing

Titels

Zet een waterbad klaar en plaats de Sous Vide hierin. Ingesteld op 149F.

Verhit 4 eetlepels boter in een pan op middelhoog vuur, voeg als het gesmolten is de champignons, tijm, prei en walnoten toe. Kook gedurende 5-10 minuten. Voeg de rijst en bosbessen toe. Haal van het vuur. Laat 10 minuten afkoelen. Vul de holte van de hennen met het mengsel. Bind de benen vast.

Plaats de kippen in een vacuümzak. Laat de lucht ontsnappen met behulp van de waterverplaatsingsmethode, verzegel en dompel de zak onder in het bad. 4 uur koken. Verhit een pan op hoog vuur. Meng de honing en 1 eetlepel gesmolten boter in een kom. Giet over kippen. Bak de kippen 2 minuten en serveer.

Chessy kip opgerold

Bereiding + kooktijd: 1 uur 45 minuten | Porties: 2

Ingrediënten

1 kipfilet

¼ kopje roomkaas

¼ kopje julienned geroosterde rode paprika

½ kopje rucola losjes

6 plakjes prosciutto

Zout en zwarte peper naar smaak

1 eetlepel olie

Titels

Zet een waterbad klaar en plaats de Sous Vide hierin. Ingesteld op 155F. Giet de kip af en klop tot zeer dik. Snijd hem vervolgens doormidden en kruid met peper en zout. Smeer met 2 eetlepels roomkaas en leg er geroosterde rode peper en rucola bovenop.

Rol de borsten op als sushi en bedek met 3 lagen prosciutto en rol de borsten op. Doe in een vacuüm afsluitbare zak. Laat de lucht ontsnappen met behulp van de waterverplaatsingsmethode, sluit het af en dompel het onder in een waterbad. Kook gedurende 90 minuten. Als de timer is gestopt, haal je de kip uit de zak en bak je hem bruin. Snijd in kleine plakjes en serveer.

Salade van kip en erwtenmunt

Bereiding + kooktijd: 1 uur 30 minuten | Porties: 2

Ingrediënten

6 kipfiletfilets zonder bot

4 eetlepels olijfolie

Zout en zwarte peper naar smaak

2 kopjes erwten, geblancheerd

1 kopje verse munt

½ kopje verkruimelde verse kaas

1 eetlepel vers geperst citroensap

2 theelepels honing

2 theelepels rode wijnazijn

Titels

Zet een waterbad klaar en plaats de Sous Vide hierin. Ingesteld op 138F.

Doe de kip in een hersluitbare vacuümzak met olijfolie. Kruid met peper en zout. Laat de lucht ontsnappen met behulp van de waterverplaatsingsmethode, verzegel en dompel de zak onder in een waterbad. Kook gedurende 75 minuten.

Meng in een kom de erwten, queso fresco en munt. Meng het citroensap, rode wijnazijn, honing en 2 eetlepels olijfolie. Kruid met peper en zout.

Als je klaar bent, haal je de kipfilet eruit en snijd je deze in stukjes. Gooi het kookvocht weg. Deelnemen.

Pittige kip met champignonroomsaus

Bereiding + kooktijd: 4 uur 15 minuten | Porties: 2

Ingrediënten

<u>naar kip</u>

2 kippenborsten zonder bot zonder vel

Zout naar smaak

1 eetlepel dille

1 eetlepel kurkuma

1 theelepel plantaardige olie

<u>aan de saus</u>

3 fijngehakte sjalotten

2 teentjes knoflook, fijngehakt

1 theelepel olijfolie

2 eetlepels boter

1 kopje gesneden champignons

2 eetlepels portwijn

½ kopje kippenbouillon

1 kop geitenkaas

¼ theelepel gemalen zwarte peper

Titels

Zet een waterbad klaar en plaats de Sous Vide hierin. Ingesteld op 138F. Doe de met zout en peper gekruide kip in een hersluitbare zak. Laat de lucht ontsnappen met behulp van de waterverplaatsingsmethode, verzegel en dompel de zak onder in een waterbad. 4 uur koken.

Wanneer de timer is gestopt, verwijdert u de zak en brengt u deze over in een ijsbad. Laat afkoelen en drogen. Je legt het opzij, je negeert het. Verhit de olie in een pan op hoog vuur, voeg de sjalotten toe en bak 2-3 minuten. Voeg de boter, dille, kurkuma en knoflook toe en bak nog 1 minuut. Voeg de champignons, wijn en bouillon toe. Laat 2 minuten koken en giet dan de room erover. Kook tot de saus dikker wordt. Kruid met peper en zout. Verwarm de grill tot hij rookt. Bestrijk de kipfilet met olie en braad beide kanten 1 minuut. Werk af met saus.

krokant gebakken kip

Bereiding + kooktijd: 2 uur | Porties: 4

Ingrediënten

8 kippenpoten

Zout en zwarte peper naar smaak

<u>Voor natte mix</u>

2 kopjes sojamelk

1 eetlepel citroensap

<u>voor droge mix</u>

1 kopje meel

1 kopje rijstmeel

½ kopje maizena

2 eetlepels paprikapoeder

1 eetlepel gember

Zout en zwarte peper naar smaak

Titels

Zet een waterbad klaar en plaats de Sous Vide hierin. Ingesteld op 154F. Doe de gepeperde en gezouten kip in een hersluitbare vacuümzak. Laat de lucht ontsnappen met behulp van de waterverplaatsingsmethode, sluit het af en dompel het onder in een waterbad. Kook gedurende 1 uur.

Wanneer de timer is gestopt, verwijdert u de zak. Laat 15 minuten afkoelen. Verhit een koekenpan met olie tot 400-425F. Meng in een kom de sojamelk en het citroensap tot een nat mengsel. Meng in een andere kom het eiwitmeel, rijstmeel, maïzena, gember, paprikapoeder, zout en gemalen peper tot een droog mengsel.

Doop de kip in het droge mengsel en vervolgens in het natte mengsel. Herhaal nog 2-3 keer. We zetten het op het ovenrek. Herhaal het proces totdat de kip gaar is. Bak de kip 3-4 minuten. Houd het opzij en laat het 10-15 minuten afkoelen. Besmeer de bovenkant met partjes citroen en saus.

Groene kipsalade met amandelen

Bereiding + kooktijd: 95 minuten | Porties: 2

Ingrediënten

2 kippenborsten zonder vel

Zout en zwarte peper naar smaak

1 kopje amandelen

1 eetlepel olijfolie

2 eetlepels suiker

4 rode pepers, in dunne plakjes gesneden

1 teentje gepelde knoflook

3 eetlepels vissaus

2 theelepels vers geperst citroensap

1 kopje gehakte koriander

1 bieslook, dun gesneden

1 stengel citroengras, alleen het witte gedeelte, in plakjes

1 stuk gember van 5 cm, julienned

Titels

Zet een waterbad klaar en plaats de Sous Vide hierin. Ingesteld op 138F. Doe de met zout en peper gekruide kip in een hersluitbare zak. Laat de lucht ontsnappen met behulp van de waterverplaatsingsmethode, verzegel en dompel de zak onder in een waterbad. Kook gedurende 75 minuten.

Verhit na 60 minuten de olijfolie in een koekenpan tot 350F. Rooster de amandelen 1 minuut tot ze droog zijn. Klop de suiker, knoflook en chili los. Giet de vissaus en het citroensap erbij.

Als je klaar bent, verwijder je de zak en laat je hem afkoelen. Snijd de kipfilet in stukjes en doe in een kom. Schenk de dressing erbij en meng goed. Voeg de koriander, gember, citroengras en geroosterde amandelen toe. Garneer met chili en serveer.

Melk kokos kip

Bereiding + kooktijd: 75 minuten | Porties: 2

Ingrediënten

2 kipfilets

4 eetlepels kokosmelk

Zout en zwarte peper naar smaak

aan de saus

4 eetlepels satésaus

2 eetlepels kokosmelk

Een scheutje tamarisaus

Titels

Zet een waterbad klaar en plaats de Sous Vide hierin. Ingesteld op 138F.

Doe de kip in een hersluitbare zak en kruid met peper en zout. Voeg 4 eetlepels melk toe. Laat de lucht ontsnappen met behulp van de waterverplaatsingsmethode, verzegel en dompel de zak onder in een waterbad. Kook gedurende 60 minuten.

Wanneer de timer is gestopt, verwijdert u de zak. Combineer sausingrediënten en magnetron gedurende 30 seconden. Snijd de kip in plakjes. Serveer op een bord en besmeer met de saus.

Kip- en spekschotel in Romeinse stijl

Bereiding + kooktijd: 1 uur 40 minuten | Porties: 4

Ingrediënten

4 kleine kipfilets zonder bot zonder vel

8 salieblaadjes

4 plakjes dun gesneden spek

zwarte peper naar smaak

1 eetlepel olijfolie

2 oz geraspte fontina-kaas

Titels

Zet een waterbad klaar en plaats de Sous Vide hierin. Ingesteld op 146F. Kruid de kip met peper en zout. Leg er 2 salieblaadjes en 1 plakje ontbijtspek op. Doe ze in een vacuümzak. Laat de lucht ontsnappen met behulp van de waterverplaatsingsmethode, verzegel en dompel de zak onder in een waterbad. Kook gedurende 90 minuten.

Wanneer de timer is gestopt, verwijdert u de zak en droogt u deze af. Verhit de olie in een pan en bak de kip 1 minuut. Draai de kip om en garneer met 1 eetlepel fontinakaas. Dek de pan af en laat de kaas smelten. Serveer de kip in een kom en garneer met salieblaadjes.

Salade van cherrytomaat, avocado en kip

Bereiding + kooktijd: 1 uur 30 minuten | Porties: 2

Ingrediënten

1 kipfilet

1 in plakjes gesneden avocado

10 plakjes cherrytomaten in tweeën gesneden

2 kopjes gehakte sla

2 eetlepels olijfolie

1 eetlepel limoensap

1 teentje knoflook, geperst

Zout en zwarte peper naar smaak

2 theelepels ahornsiroop

Titels

Zet een waterbad klaar en plaats de Sous Vide hierin. Ingesteld op 138F. Doe de kip in een vacuüm afsluitbare zak. Kruid met peper en zout. Laat de lucht ontsnappen met behulp van de waterverplaatsingsmethode, verzegel en dompel de zak onder in een waterbad. Kook gedurende 75 minuten.

Als de timer is gestopt, verwijder je de kip. Verhit de olie in een pan op middelhoog vuur. Bak de borsten 30 seconden en snijd ze in plakjes. Meng de knoflook, limoensap, ahornsiroop en olijfolie in een kom. Voeg sla, cherrytomaatjes en avocado toe. Goed mengen. Serveer de salade en leg de kip erop.

chili kip

Bereiding + kooktijd: 2 uur 15 minuten | Porties: 2

Ingrediënten

4 kippenpoten

2 eetlepels olijfolie

Zout en zwarte peper naar smaak

1 teentje knoflook, geperst

3 eetlepels vissaus

¼ kopje limoensap

1 lepel suiker

3 eetlepels gehakte basilicum

3 eetlepels gehakte koriander

2 rode pepers (zonder pitjes), fijngehakt

1 eetlepel zoete chilisaus

1 eetlepel groene chilisaus

Titels

Zet een waterbad klaar en plaats de Sous Vide hierin. Ingesteld op 149F. Wikkel de kip in folie en laat afkoelen. Doe het in een vacuüm afsluitbare zak met olijfolie, peper en zout. Laat de lucht ontsnappen met behulp van de waterverplaatsingsmethode, verzegel en dompel de zak onder in een waterbad. Kook gedurende 2 uur.

Als de timer is gestopt, haal je de kip eruit en snijd je hem in 4-5 stukken. Verhit de plantaardige olie in een pan op middelhoog vuur en bak deze knapperig. Meng alle ingrediënten voor de dressing in een kom en zet opzij. Serveer de kip, breng op smaak met zout en besprenkel met de dressing.

Kippenvleugels met honingsmaak

Bereiding + kooktijd: 135 minuten | Porties: 2

Ingrediënten

¾ theelepel sojasaus

¾ theelepel rijstwijn

¾ theelepel honing

¼ theelepel vijf kruiden

6 kippenvleugels

½ inch verse gember

½ inch gemalen foelie

1 teentje gehakte knoflook

Serveer met gesneden bieslook

Titels

Zet een waterbad klaar en plaats de Sous Vide hierin. Ingesteld op 160F.

Meng in een kom de sojasaus, rijstwijn, honing en vijf kruiden. Doe de kippenvleugels en knoflook in een hersluitbare zak. Laat de lucht ontsnappen met behulp van de waterverplaatsingsmethode, verzegel en dompel de zak onder in een waterbad. Kook gedurende 2 uur.

Als de timer is gestopt, verwijder je de vleugels en leg je ze op een bakplaat. Bak in de oven gedurende 5 minuten op 380 F. Serveer op een bord en garneer met gesneden lente-uitjes.

Groene kip met kerrienoedels

Bereiding + kooktijd: 3 uur | Porties: 2

Ingrediënten

1 kipfilet, zonder bot en zonder vel

Zout en zwarte peper naar smaak

1 blik (13,5 oz) kokosmelk

2 eetlepels groene currypasta

1¾ kopjes kippenbouillon

1 kopje shiitake-paddenstoelen

5 kaffirlimoenblaadjes gehalveerd

2 eetlepels vissaus

1½ eetlepel suiker

½ kopje Thaise basilicumblaadjes, gehakt

2 oz gekookt ei pasta nest

1 kopje koriander, gehakt

1 kopje taugé

2 eetlepels gebakken deeg

2 rode pepers, fijngehakt

Titels

Zet een waterbad klaar en plaats de Sous Vide hierin. Ingesteld op 138F. Kruid de kip met peper en zout. Doe in een vacuüm afsluitbare zak. Laat de lucht ontsnappen met behulp van de waterverplaatsingsmethode, verzegel en dompel de zak onder in een waterbad. Kook gedurende 90 minuten.

Verhit na 35 minuten een pan op middelhoog vuur en voeg de groene currypasta en de helft van de kokosmelk toe. Laat 5-10 minuten koken tot de kokosmelk begint in te dikken. Voeg de kippenbouillon en de rest van de kokosmelk toe. Kook gedurende 15 minuten.

Zet het vuur lager en voeg kaffirlimoenblaadjes, shiitake-paddenstoelen, suiker en vissaus toe. Laat minimaal 10 minuten koken. Haal van het vuur en voeg de basilicum toe.

Als de timer is gestopt, haal je de zak eruit en laat je hem 5 minuten afkoelen en snij je hem in kleine stukjes. Serveer de currysaus, gekookte pasta en kip op een diep bord. We doen er taugé, koriander, chili en gebakken pasta bovenop.

Avocado Pesto Kip Mini Bites

Bereiding + kooktijd: 1 uur 40 minuten | Porties: 2

Ingrediënten

1 kipfilet, zonder bot, zonder vel, in vlindervorm

Zout en zwarte peper naar smaak

1 eetlepel salie

3 eetlepels olijfolie

1 eetlepel pesto

1 courgette, in plakjes

1 avocado

1 kopje verse basilicumblaadjes

Titels

Zet een waterbad klaar en plaats de Sous Vide hierin. Ingesteld op 138F.

Dun gesneden kipfilet. Breng op smaak met salie, peper en zout. Doe in een vacuüm afsluitbare zak. Voeg 1 eetlepel olie en pesto toe. Laat de lucht ontsnappen met behulp van de waterverplaatsingsmethode, verzegel en dompel de zak onder in een waterbad. Kook gedurende 75 minuten. Verhit na 60 minuten 1 eetlepel olijfolie in een pan op hoog vuur, voeg de courgette en ¼ kopje water toe. Kook tot het water verdampt. Als de timer is gestopt, verwijder je de kip.

Verhit de resterende olijfolie in een koekenpan op middelhoog vuur en bak de kip 2 minuten per kant. Zet opzij en laat afkoelen. Snijd de kip in kleine stukjes zoals courgette. Snijd ook de avocado in stukjes. Serveer de kip met plakjes avocado erop. Garneer met plakjes courgette en basilicum.

Kipballetjes Met Kaas

Bereiding + kooktijd: 1 uur 15 minuten | Porties: 6

Ingrediënten

1 kilo kipgehakt

2 eetlepels fijngehakte ui

¼ theelepel knoflookpoeder

Zout en zwarte peper naar smaak

2 eetlepels paneermeel

1 ei

32 kleine blokjes mozzarellakaas, in blokjes

1 eetlepel boter

3 eetlepels panko

½ kopje tomatensaus

½ oz geraspte Pecorino Romano-kaas

Gehakte peterselie

Titels

Zet een waterbad klaar en plaats de Sous Vide hierin. Ingesteld op 146F. Meng in een kom de kip, ui, zout, knoflookpoeder, peper en gekruid paneermeel. Voeg het ei toe en meng goed.

Vorm 32 middelgrote balletjes en vul ze met een blokje kaas, zorg ervoor dat het mengsel de kaas goed bedekt.

Doe de balletjes in een vacuümzak en laat ze 20 minuten afkoelen. Laat vervolgens de lucht ontsnappen met behulp van de waterverplaatsingsmethode, sluit af en dompel de zak onder in het waterbad. Kook gedurende 45 minuten.

Als de timer is gestopt, verwijder je de ballen. Smelt de boter in een pan en voeg de panko toe. Kook tot geroosterd. Laten we ook de tomatensaus koken. Leg de balletjes op een bord en smeer ze in met de tomatensaus. We leggen panc en kaas erop. Garneer met peterselie.

kalkoen cheeseburger

Bereiding + kooktijd: 1 uur 45 minuten | Porties: 6

Ingrediënten

6 theelepels olijfolie

1½ pond gemalen kalkoen

16 roomkoekjes, geplet

2½ eetlepels gehakte verse peterselie

2 eetlepels gehakte verse basilicum

½ eetlepel worcestershiresaus

½ eetlepel sojasaus

½ theelepel knoflookpoeder

1 ei

6 geroosterde broodjes

6 plakjes tomaat

6 blaadjes snijsla

6 plakjes Monterey Jack-kaas

Titels

Zet een waterbad klaar en plaats de Sous Vide hierin. Ingesteld op 148F. Meng de kalkoen, crackers, peterselie, basilicum, sojasaus en knoflookpoeder. Voeg het ei toe en meng met de hand.

Maak 6 empanadas van het mengsel op een bakplaat met pepper wax en leg ze. Dek af en zet in de koelkast.

Haal de scones uit de koelkast en doe ze in drie hersluitbare zakjes. Laat de lucht ontsnappen met behulp van de waterverplaatsingsmethode, verzegel en dompel de zakken onder in een waterbad. Kook gedurende 1 uur en 15 minuten.

Als de timer is gestopt, haal je de hamburger eruit. Gooi het kookvocht weg.

Verhit de olijfolie in een pan op hoog vuur en leg de hamburgers erop. Bruin gedurende 45 seconden per kant. Schik de scones op het geroosterde broodje. Tomaten, sla en kaas bovenop. Deelnemen.

Kalkoen gevuld met bacon en walnoten gewikkeld in ham

Bereiding + kooktijd: 3 uur 45 minuten | Porties: 6

Ingrediënten

1 witte ui, gesnipperd

3 eetlepels boter

1 kopje in blokjes gesneden spek

4 eetlepels pijnboompitten

2 eetlepels fijngehakte tijm

4 teentjes knoflook, gehakt

Zest van 2 citroenen

4 eetlepels gehakte peterselie

¾ kopje paneermeel

1 losgeklopt ei

4 kilo kalkoenfilet zonder been, butterflied

Zout en zwarte peper naar smaak

16 plakjes ham

Titels

Zet een waterbad klaar en plaats de Sous Vide hierin. Ingesteld op 146F.

Verhit 2 eetlepels boter in een pan op middelhoog vuur en fruit de ui in 10 minuten glazig. Je legt het opzij, je negeert het. Voeg in dezelfde pan de bacon toe en bak in 5 minuten bruin. Voeg de pijnboompitten, tijm, knoflook en citroenrasp toe en bak nog 2 minuten. Voeg de peterselie toe en meng. Doe de ui terug in de pan, voeg het paneermeel en het ei toe.

Verwijder de kalkoen en dek af met plasticfolie. Klop het dik met een vleeshamer. Leg de ham in aluminiumfolie. Leg de kalkoen bovenop de ham en strijk het midden glad om een reep te maken. Rol de kalkoen strak van links naar rechts tot het volledig is ingepakt. Dek af met plasticfolie en plaats in een vacuüm afsluitbare zak. Laat de lucht ontsnappen met behulp van de waterverplaatsingsmethode, verzegel en dompel de zak onder in een waterbad. 3 uur koken.

Nadat de timer is gestopt, verwijdert u de kalkoen en gooit u het plastic weg. Verhit de resterende boter in een pan op middelhoog vuur en voeg dan de melk toe. Bak de ham 45 seconden per kant. Rol de kalkoen en kook nog 2-3 minuten. Snijd de borst in medaillons en serveer.

Kalkoen Caesarsalade Tortilla Roll

Bereiding + kooktijd: 1 uur 40 minuten | Porties: 4

Ingrediënten

2 teentjes knoflook, fijngehakt

2 kalkoenborsten zonder bot en zonder vel

Zout en zwarte peper naar smaak

1 kopje mayonaise

2 eetlepels vers geperst citroensap

1 theelepel ansjovispasta

1 theelepel Dijon-mosterd

1 theelepel sojasaus

4 kopjes ijsbergsla

4 tortilla's

Titels

Zet een waterbad klaar en plaats de Sous Vide hierin. Ingesteld op 152F. Kruid de kalkoenfilet met peper en zout en doe in een hersluitbare vacuümzak. Laat de lucht ontsnappen met behulp van de waterverplaatsingsmethode, verzegel en dompel de zak onder in een waterbad. Kook gedurende 1 uur en 30 minuten.

Meng mayonaise, knoflook, citroensap, ansjovispasta, mosterd, sojasaus en de rest van zout en peper. Laat het in de koelkast staan. Als de timer is gestopt, verwijder je de kalkoen en dep je hem droog. Snijd de kalkoen in plakjes. Giet de koude dressing over de salade. Schep een kwart van het kalkoenmengsel in elke tortilla en vouw dicht. Halveer en serveer met de dressing.

Cheddarbroodjes uit Turkije

Bereiding + kooktijd: 5 uur 15 minuten | Porties: 6

Ingrediënten:

3 eetlepels olijfolie

2 kleine gele uien, in blokjes gesneden

2 stengels bleekselderij, in blokjes

3 eetlepels gemalen salie

Zest en sap van 2 citroenen

3 kopjes kalkoenvulling mengsel

2 kopjes kalkoen- of kippenbouillon

5 kilo kalkoenfilet in tweeën gesneden

Titels:

Zet een pan op middelhoog vuur, voeg olijfolie, ui en bleekselderij toe. Bak gedurende 2 minuten. Roer het citroensap, de schil en de salie erdoor tot het citroensap is ingedikt.

Giet het vulmengsel in een kom en voeg het gekookte saliemengsel toe. Meng met je handen. Voeg de soep al roerend met de hand toe tot de ingrediënten goed gemengd en vloeibaar zijn. Verwijder voorzichtig het vel van de kalkoen en leg het op plasticfolie. Verwijder de botten en gooi ze weg.

Leg de kalkoenfilet met het vel naar beneden en plaats een tweede laag plastic folie over de kalkoenfilet. Sla plat met een deegroller tot 1 inch dik. Verwijder de plasticfolie van de bovenkant en verdeel de vulling over de platte kalkoen, laat ½ inch rond de randen.

Rol de kalkoen vanaf de smalle kant als een deegrol en bedek deze met het overtollige vel. Zet de rol vast met slagerstouw. Wikkel de kalkoenrol in de bredere plasticfolie en draai de uiteinden om de rol vast te zetten, die een strakke cilinder moet vormen.

Plaats de rol in een vacuüm afsluitbare zak, laat de lucht ontsnappen en sluit de zak. Zet 40 minuten in de koelkast. Bereid een waterbad voor, zet het op Sous Vide en zet het op 155F. Leg de kalkoenrol in een waterbad en stel de timer in op 4 uur.

Wanneer de timer is gestopt, verwijdert u de zak en opent u deze. Verwarm de oven voor op 400F, verwijder de plasticfolie van de kalkoen en leg deze op een bakplaat, met de huid naar boven. Bak gedurende 15 minuten. in plakjes snijden.

Geserveerd met een romige saus en koolhydraatarme gestoomde groenten.

Kalkoenfilet met tijm

Bereiding + kooktijd: 3 uur 15 minuten | Porties: 6

Ingrediënten

1 halve kalkoenfilet, zonder bot en vel
1 eetlepel olijfolie
1 eetlepel knoflookzout
1 eetlepel tijm
1 theelepel zwarte peper

Titels

Zet een waterbad klaar en plaats de Sous Vide hierin. Ingesteld op 146F.

Meng de kalkoenfilet, knoflook, tijm, zout en peper. Doe in een vacuüm afsluitbare zak. Laat de lucht ontsnappen met behulp van de waterverplaatsingsmethode, verzegel en dompel de zak onder in een waterbad. 4 uur koken.

Wanneer de timer is gestopt, verwijdert u de zak en droogt u deze af met een bakplaat. Verhit een gietijzeren pan op hoog vuur en bak in 5 minuten goudbruin.

Pesto kalkoen gehaktbalburgers

Bereiding + kooktijd: 80 minuten | Porties: 4

Ingrediënten

1 kilo gemalen kalkoen

3 lente-uitjes, gesnipperd

1 groot ei, losgeklopt

1 eetlepel paneermeel

1 theelepel gedroogde oregano

1 eetlepel tijm

Zout en zwarte peper naar smaak

½ kopje pesto (plus 2 theelepels)

2 dl mozzarella kaas, in blokjes gesneden

4 grote hamburgerbroodjes

Titels

Zet een waterbad klaar en plaats de Sous Vide hierin. Ingesteld op 146F. Meng in een kom de kalkoen, het ei, het paneermeel, de lente-uitjes, de tijm en de oregano. Kruid met peper en zout. Goed mengen. Maak minimaal 8 balletjes en maak met je duim een gaatje in het midden. Bedek elk met 1/4 el pesto en 1/4 oz mozzarella-kaas. Zorg ervoor dat het vlees de vulling bedekt.

Doe in een vacuüm afsluitbare zak. Laat de lucht ontsnappen met behulp van de waterverplaatsingsmethode, verzegel en dompel de zak onder in een waterbad. Kook gedurende 60 minuten. Als de timer is gestopt, verwijder je de balletjes en droog je ze op een bakplaat. Verhit een koekenpan op middelhoog vuur en kook 1/2 kopje pesto. Voeg de gehaktballetjes toe en meng goed. Leg op elk hamburgerbroodje 2 gehaktballen.

Kalkoenfilet met walnoten

Bereiding + kooktijd: 2 uur 15 minuten | Porties: 6

Ingrediënten:

2 kilo kalkoenfilet, dun gesneden

1 eetlepel citroenschil

1 kopje walnoten, gehakt

1 eetlepel fijngehakte tijm

2 teentjes knoflook, gehakt

2 eetlepels verse peterselie, fijngehakt

3 kopjes kippenbouillon

3 eetlepels olijfolie

Titels:

Spoel het vlees af onder koud stromend water en laat het uitlekken in een vergiet. Wrijf in met citroenschil en doe met de kippenbouillon in een grote hersluitbare zak. Kook in Sous Vide gedurende 2 uur op 149°F. Haal uit de bain-marie en zet opzij.

Verhit de olijfolie in een middelgrote koekenpan en voeg de knoflook, pecannoten en tijm toe. Meng goed en kook gedurende 4-5 minuten. Voeg als laatste de kipfilet toe aan de pan en bak beide kanten kort aan. Serveer onmiddellijk.

Pittige kalkoenschotel

Bereiding + kooktijd: 14 uur 15 minuten | Porties: 4

Ingrediënten

1 kalkoenpoot
1 eetlepel olijfolie
1 eetlepel knoflookzout
1 theelepel zwarte peper
3 takjes tijm
1 eetlepel rozemarijn

Titels

Zet een waterbad klaar en plaats de Sous Vide hierin. Ingesteld op 146F. Kruid de kalkoen met knoflook, zout en peper. Doe in een vacuüm afsluitbare zak.

Laat de lucht ontsnappen met behulp van de waterverplaatsingsmethode, verzegel en dompel de zak onder in het bad. 14 uur koken. Zodra dit is gebeurd, verwijdert u de poten en droogt u ze af.

Kalkoen in sinaasappelsaus

Bereiding + kooktijd: 75 minuten | Porties: 2

Ingrediënten:

1 kilo kalkoenfilet, vel en graat
1 eetlepel boter
3 eetlepels vers sinaasappelsap
½ kopje kippenbouillon
1 theelepel cayennepeper
Zout en zwarte peper naar smaak

Titels:

Spoel de kalkoenfilet af onder koud stromend water en dep droog. Je legt het opzij, je negeert het.

Klop in een middelgrote kom het sinaasappelsap, kippenbouillon, cayennepeper, zout en peper door elkaar. Meng goed en doe het vlees in deze marinade. Zet 20 minuten in de koelkast.

Doe nu het vlees met de marinade in een grote hersluitbare zak en kook Sous Vide gedurende 40 minuten op 122F.

Smelt de boter in een middelgrote pan met antiaanbaklaag op hoog vuur. Haal het vlees uit de zak en doe het in de pan. Bak gedurende 2 minuten en haal van het vuur.

Kalkoenpoot met tijm en rozemarijn

Bereiding + kooktijd: 8 uur 30 minuten | Porties: 4

Ingrediënten

5 theelepels gesmolten boter

10 teentjes fijngehakte knoflook

2 eetlepels gedroogde rozemarijn

1 eetlepel komijn

1 eetlepel tijm

2 kalkoenpoten

Titels

Zet een waterbad klaar en plaats de Sous Vide hierin. Ingesteld op 134F.

Meng de knoflook, rozemarijn, komijn, tijm en boter. Wrijf het mengsel over kalkoen.

Doe de kalkoen in een hersluitbare vacuümzak. Laat de lucht ontsnappen met behulp van de waterverplaatsingsmethode, verzegel en dompel de zak onder in een waterbad. 8 uur koken.

Als de timer is gestopt, verwijder je de kalkoen. Bewaar de kooksappen. Verhit een grill op hoog vuur en voeg de kalkoen toe. Besprenkel met kookvocht. Draai om en besprenkel met meer sap. Zet opzij en laat afkoelen. Deelnemen.

Kalkoenfilet met kruidnagel

Bereiding + kooktijd: 1 uur 45 minuten | Porties: 6

Ingrediënten:

2 kilo kalkoenfilet, in plakjes

2 teentjes knoflook, fijngehakt

1 kopje olijfolie

2 eetlepels Dijon-mosterd

2 eetlepels citroensap

1 theelepel verse rozemarijn, gehakt

1 theelepel fijngehakte kruidnagel

Zout en zwarte peper naar smaak

Titels:

Meng in een grote kom de olijfolie met de mosterd, citroensap, knoflook, rozemarijn, kruidnagel, zout en peper. Roer tot alles goed gemengd is en voeg de plakjes kalkoen toe. Voor het koken, 30 minuten laten weken en in de koelkast zetten.

Haal uit de koelkast en doe over in 2 vacuümzakken. Sluit de zakken en sous vide gedurende een uur op 149F. Haal uit de bain-marie en serveer.

Kalkoenfilet met dille en rozemarijn

Bereiding + kooktijd: 1 uur 50 minuten | Porties: 2

Ingrediënten

1 kilo kalkoenfilet zonder been

Zout en zwarte peper naar smaak

3 takjes verse dille

1 takje verse rozemarijn, fijngehakt

1 laurierblad

Titels

Zet een waterbad klaar en plaats de Sous Vide hierin. Ingesteld op 146F.

Verhit een pan op middelhoog vuur, voeg de kalkoen toe en bak 5 minuten. Houd het vet eraf. Kruid de kalkoen met peper en zout. Doe de kalkoen, dille, rozemarijn, laurier en vet in een hersluitbare zak. Laat de lucht ontsnappen met behulp van de waterverplaatsingsmethode, verzegel en dompel de zak onder in een waterbad. Kook gedurende 1 uur en 30 minuten.

Verhit een pan op hoog vuur. Nadat de timer is gestopt, verwijdert u de kalkoen en brengt u deze over in de pan. Laat 5 minuten drogen.

Geroosterde zoete eend

Bereiding + kooktijd: 3 uur 55 minuten | Porties: 4

Ingrediënten

6 oz eendenborst zonder been

¼ theelepel kaneel

¼ theelepel gerookt paprikapoeder

¼ theelepel cayennepeper

1 eetlepel tijm

1 theelepel honing

Zout en zwarte peper naar smaak

Titels

Zet een waterbad klaar en plaats de Sous Vide hierin. Ingesteld op 134F. Dep de eendenborsten droog op een bakplaat en verwijder het vel, pas op dat u niet in het vlees snijdt. Breng op smaak met zout.

Verhit een pan op hoog vuur. Bak de eend 3-4 minuten. Verwijderen en reserveren.

Combineer paprika, tijm, cayennepeper en kaneel in een kom en meng goed. Marineer de eendenborst met het mengsel. Doe in een vacuüm afsluitbare zak. Voeg 1 eetlepel honing toe. Laat de lucht ontsnappen met behulp van de waterverplaatsingsmethode, verzegel en dompel de zak onder in een waterbad. Kook gedurende 3 uur en 30 minuten.

Wanneer de timer is gestopt, verwijdert u de zak en droogt u deze af. Verhit een pan op hoog vuur en bak de eend 2 minuten. Draai om en kook nog eens 30 seconden. Laat afkoelen en serveer.

Eendenborst met tijm

Bereiding + kooktijd: 2 uur 10 minuten | Porties: 3

Ingrediënten:

3 (6 oz) eendenborsten, met vel
3 theelepels tijmblaadjes
2 theelepels olijfolie
Zout en zwarte peper naar smaak

Ingrediënten:

Maak dwarsstrepen op de borsten zonder het vlees te snijden. Kruid de schil met zout, de vlezige kant met tijm, peper en zout. Doe de eendenborsten in 3 aparte vacumeerzakjes. Laat de lucht ontsnappen en sluit de zakken. Zet 1 uur in de koelkast.

Maak een waterbad klaar, doe de Sous Vide erin en zet hem op 135F. Haal de zakjes uit de koelkast en dompel ze onder in het waterbad. Zet de timer op 1 uur.

Wanneer de timer is gestopt, verwijdert u de zakken en opent u ze. Zet een pan op middelhoog vuur, voeg olijfolie toe. Zodra het heet is, voeg je de eend toe en schroei je tot het vel loslaat en het vlees goudbruin is. Haal het eruit en laat het 3 minuten rusten, snij het dan in plakjes. Deelnemen.

Oranje ganzenconfituur

Bereiding + kooktijd: 12 uur 7 minuten + afkoeltijd | Porties: 6

Ingrediënten

3 laurierblaadjes

6 kraaienpootjes

10 theelepels zout

6 teentjes knoflook, gehakt

1 takje verse rozemarijn, steeltje verwijderd

1½ kopje ganzenvet

1 theelepel peper

Schil van 1 sinaasappel

Titels

Wrijf de ganzenbout in met knoflook, zout, peper en rozemarijn. Dek af en zet 12-24 uur in de koelkast. Zet een waterbad klaar en plaats de Sous Vide hierin. Ingesteld op 172F. Haal de gans uit de koelkast en dep droog met keukenpapier.

Doe de gans, het ganzenvet, het laurierblad, de peper en de sinaasappelschil in een vacuüm afsluitbare zak. Laat de lucht ontsnappen met behulp van de waterverplaatsingsmethode, verzegel en dompel de zak onder in een waterbad. 12 uur koken.

Als de timer is gestopt, haal je de gans uit de zak en veeg je overtollig vet weg. Verhit een pan op hoog vuur en bak de gans in 5-7 minuten krokant.

Garnalenpasta met citroen en kaas

Bereiding + kooktijd: 55 minuten | Porties: 4

Ingrediënten

2 kopjes snijbiet, gehakt

6 eetlepels boter

½ kopje Parmezaanse kaas

2 teentjes knoflook, fijngehakt

1 citroen geraspt en geperst

1 eetlepel gehakte verse basilicum

Zout en zwarte peper naar smaak

1 theelepel rode pepervlokken

1½ pond garnalen, ontdarmd, met staartjes eraan

8 oz pasta naar keuze

Titels

Zet een waterbad klaar en plaats de Sous Vide hierin. Ingesteld op 137F.

Verhit een koekenpan op middelhoog vuur en combineer de boter, snijbiet, 1/4 kopje Pecorino Romano-kaas, knoflook, citroenschil en -sap, basilicum, zout, zwarte peper en rode pepervlokken. Laat 5 minuten koken tot de boter smelt. Je legt het opzij, je negeert het.

Doe de garnalen in een hersluitbare zak en giet het citroenmengsel erover. schud goed, laat de lucht ontsnappen met behulp van de waterverplaatsingsmethode, sluit af en dompel de zak onder in een waterbad. Kook gedurende 30 minuten.

Kook ondertussen de pasta volgens de aanwijzingen op de verpakking. Giet af en doe in de pot. Wanneer de timer is gestopt, verwijdert u de zak en brengt u deze over in de pastakom. Kook gedurende 3-4 minuten. Besmeer met de resterende Pecorino-kaas en serveer.

Heilbotmiso met zoete sherryglazuur

Bereiding + kooktijd: 50 minuten | Porties: 4

Ingrediënten

1 eetlepel olijfolie

2 eetlepels boter

⅓ kopje zoete sherry

⅓ kopje rode miso

¼ kopje mirin

3 eetlepels bruine suiker

2½ eetlepel sojasaus

4 heilbotfilets

2 eetlepels gehakte bieslook

2 eetlepels gehakte verse peterselie

Titels

Zet een waterbad klaar en plaats de Sous Vide hierin. Ingesteld op 134F. Verhit de boter in een koekenpan op middelhoog vuur. Roer de zoete sherry, miso, mirin, bruine suiker en sojasaus er 1 minuut door. Je legt het opzij, je negeert het. Laat het afkoelen. Doe de heilbot in 2 vacuüm afsluitbare zakken. Laat de lucht ontsnappen met behulp van de waterverplaatsingsmethode, verzegel en dompel de zakken onder in een waterbad. Kook gedurende 30 minuten.

Als de timer is gestopt, haal je de heilbot uit de zakjes en dep je ze droog met een theedoek. Bewaar de kooksappen. Verhit een pan op hoog vuur en giet de kookbouillon erin. Kook tot de helft is ingekookt.

Verhit de olijfolie in een pan op middelhoog vuur en breng de filets over. Bak aan beide kanten in 30 seconden krokant. Serveer de vis en besprenkel met het Miso-glazuur. Garneer met bieslook en peterselie.

Krokante zalm met een zoete gemberglazuur

Bereiding + kooktijd: 53 minuten | Porties: 4

Ingrediënten

½ kopje Worcestershire-saus

6 eetlepels witte suiker

4 eetlepels mirin

2 teentjes knoflook, fijngehakt

½ theelepel maizena

½ theelepel geraspte verse gember

4 zalmfilets

4 theelepels plantaardige olie

2 kopjes gekookte rijst, om te serveren

1 theelepel geroosterde maanzaad

Titels

Zet een waterbad klaar en plaats de Sous Vide hierin. Ingesteld op 129F.

Combineer de Worcestershire-saus, suiker, mirin, knoflook, maizena en gember in een hete pan op middelhoog vuur. Laat 1 minuut koken tot de suiker is opgelost. Reserveer 1/4 kop saus. Laat het afkoelen. Doe de zalmfilets in 2 vacuüm afsluitbare zakken met de overgebleven saus. Laat de lucht ontsnappen met behulp van de waterverplaatsingsmethode, verzegel en dompel de zakken onder in een waterbad. Kook gedurende 40 minuten.

Als de timer is gestopt, haal je de filet uit de zak en dep je hem droog met een theedoek. Verhit een pan op middelhoog vuur en kook de saus 2 minuten tot hij dikker wordt. Verhit de olie in een pan. Bak de zalm 30 seconden per kant. Serveer de zalm met saus en maanzaad.

Citrusvis met kokossaus

Bereidingstijd: 1 uur 57 minuten | Porties: 6

Ingrediënten

2 eetlepels plantaardige olie

4 tomaten, geschild en in stukjes gesneden

2 rode paprika's, in blokjes

1 gele ui, in blokjes gesneden

½ kopje sinaasappelsap

¼ kopje limoensap

4 teentjes knoflook, gehakt

1 theelepel komijn, geplet

1 theelepel komijnpoeder

1 theelepel cayennepeper

½ theelepel zout

6 kabeljauwfilets, zonder vel, in blokjes

14 ons kokosmelk

¼ kopje geraspte kokosnoot

3 eetlepels gehakte verse koriander

Titels

Zet een waterbad klaar en plaats de Sous Vide hierin. Ingesteld op 137F.

Meng in een kom het sinaasappelsap, limoensap, knoflook, karwijzaad, komijn, cayennepeper en zout. Bestrijk de filets met het limoenmengsel. Dek af en zet 1 uur in de koelkast.

Verhit ondertussen de olie in een pan op middelhoog vuur en voeg dan de tomaten, paprika's, uien en zout toe. Laat 4-5 minuten koken tot ze zacht zijn. Giet de kokosmelk over het tomatenmengsel en kook 10 minuten. Zet opzij en laat afkoelen.

Haal de filets uit de koelkast en doe ze in 2 vacuüm afsluitbare zakjes met het kokosmengsel. Laat de lucht ontsnappen met behulp van de waterverplaatsingsmethode, verzegel en dompel de zakken onder in een waterbad. Kook gedurende 40 minuten. Als de timer is gestopt, verwijder je de zakjes en doe je de inhoud in een kom. Garneer met geraspte kokos en koriander. Serveer met rijst.

Gepocheerde schelvis met limoen en peterselie

Bereiding + kooktijd: 75 minuten | Porties: 4

Ingrediënten

4 schelvisfilets met vel

½ theelepel zout

6 eetlepels boter

Zest en sap van 1 limoen

2 theelepels gehakte verse peterselie

1 limoen, in vieren

Titels

Zet een waterbad klaar en plaats de Sous Vide hierin. Ingesteld op 137F.

Kruid de filets met zout en doe ze in 2 vacuüm afsluitbare zakken. Voeg de boter, de helft van de limoenschil en het limoensap en 1 eetlepel peterselie toe. Laat de lucht ontsnappen met behulp van de waterverplaatsingsmethode. Zet in de koelkast en laat 30 minuten afkoelen. Sluit de zakken af en dompel ze onder in het waterbad. Kook gedurende 30 minuten.

Als de timer is gestopt, haal je de filet eruit en dep je hem droog met keukenpapier. Verhit de resterende boter in een pan op middelhoog vuur en bak de filets 45 seconden aan beide kanten, giet de gesmolten boter erover. Veeg droog met keukenpapier en leg op een bord. Garneer met limoenschijfjes en serveer.

Krokante tilapia met ahornmosterdsaus

Bereiding + kooktijd: 65 minuten | Porties: 4

Ingrediënten

2 eetlepels ahornsiroop

6 eetlepels boter

2 eetlepels Dijon-mosterd

2 eetlepels bruine suiker

1 eetlepel peterselie

1 eetlepel tijm

2 eetlepels sojasaus

2 eetlepels witte wijnazijn

4 tilapiafilets, met vel

Titels

Zet een waterbad klaar en plaats de Sous Vide hierin. Ingesteld op 114F.

Verhit een koekenpan op middelhoog vuur en voeg 4 eetlepels boter, mosterd, bruine suiker, ahornsiroop, sojasaus, azijn, peterselie en tijm toe. Kook gedurende 2 minuten. Houd het opzij en laat het 5 minuten afkoelen.

Doe de tilapiafilets met ahornsaus in een vacuüm afsluitbare zak. Laat de lucht ontsnappen met behulp van de waterverplaatsingsmethode, verzegel en dompel de zak onder in een waterbad. Kook gedurende 45 minuten.

Als de timer is gestopt, haal je de filet eruit en dep je hem droog met keukenpapier. Verhit de rest van de boter in een pan op middelhoog vuur en bak de filets 1-2 minuten.

zwaardvis met mosterd

Bereiding + kooktijd: 55 minuten | Porties: 4

Ingrediënten

2 eetlepels olijfolie

2 zwaardvisfilets

Zout en zwarte peper naar smaak

½ theelepel Coleman-mosterd

2 theelepels sesamolie

Titels

Zet een waterbad klaar en plaats de Sous Vide hierin. Stel in op 104F. Kruid de zwaardvis met peper en zout. Meng de olijfolie en mosterd goed. Doe de zwaardvis in een vacuüm afsluitbare zak met het mosterdmengsel. Laat de lucht ontsnappen met behulp van de waterverplaatsingsmethode. Laat het 15 minuten in de koelkast staan. Sluit de zak af en dompel hem onder in het waterbad. Kook gedurende 30 minuten.

Verhit de sesamolie in een pan op hoog vuur. Als de timer is gestopt, haal je de zwaardvis eruit en dep je hem droog met keukenpapier. Gooi het kookvocht weg. Doe over in de pan en bak 30 seconden per kant. Snijd de zwaardvis in plakjes en serveer.

Pittige vistortilla

Bereiding + kooktijd: 35 minuten | Porties: 6

Ingrediënten

⅓ kopje slagroom
4 heilbotfilets, vel verwijderd
1 theelepel gehakte verse koriander
¼ theelepel rode pepervlokken
Zout en zwarte peper naar smaak
1 eetlepel appelazijn
½ zoete ui fijngehakt
6 tortilla's
Geraspte ijsbergsla
1 grote tomaat, in plakjes
Guacamole voor decoratie
1 limoen, in vieren

Titels

Zet een waterbad klaar en plaats de Sous Vide hierin. Ingesteld op 134F.

Meng de filets met koriander, rode pepervlokken, zout en peper. Doe in een vacuüm afsluitbare zak. Laat de lucht ontsnappen met behulp van de waterverplaatsingsmethode, dompel de zak onder in het bad. Kook gedurende 25 minuten.

Meng ondertussen de appelciderazijn, ui, zout en peper. Je legt het opzij, je negeert het. Als de timer is gestopt, haal je de filet eruit en dep je hem droog met keukenpapier. Bak de filets met een brander tot ze bruin zijn. In stukjes snijden. Leg de vis op de tortilla, voeg de sla, tomaten, zure room, uienmengsel en guacamole toe. Garneer met limoen.

www.ingramcontent.com/pod-product-compliance
Lightning Source LLC
Chambersburg PA
CBHW070405120526
44590CB00014B/1265